传承红色基因系列

主　编

辛向阳

执行主编

陈志刚

编委会

辛向阳　李正华　樊建新　杨明伟

龚　云　林建华　陈志刚　杨凤城　李佑新

开拓进取的
中国企业家

邢文增◎著

人民日报出版社
北京

图书在版编目（CIP）数据

开拓进取的中国企业家 / 邢文增著 . -- 北京：人
民日报出版社 , 2024.3
　ISBN 978-7-5115-8195-2

　Ⅰ . ①开… Ⅱ . ①邢… Ⅲ . ①企业家—事迹—中国—
现代 Ⅳ . ① K825.38

中国国家版本馆 CIP 数据核字（2024）第 061783 号

书　　名：开拓进取的中国企业家
　　　　　KAITUO JINQU DE ZHONGGUO QIYEJIA
作　　者：邢文增

出 版 人：刘华新
策 划 人：欧阳辉
责任编辑：周海燕　马苏娜
封面设计：元泰书装

出版发行：人民日报出版社
社　　址：北京金台西路 2 号
邮政编码：100733
发行热线：（010）65369509　65369512　65363531　65363528
邮购热线：（010）65369530　65363527
编辑热线：（010）65369518
网　　址：www.peopledailypress.com
经　　销：新华书店
印　　刷：大厂回族自治县彩虹印刷有限公司
法律顾问：北京科宇律师事务所　（010）83622312

开　　本：710mm×1000mm　1/16
字　　数：170 千字
印　　张：13
版　　次：2024 年 9 月第 1 版
印　　次：2024 年 9 月第 1 次印刷

书　　号：ISBN 978-7-5115-8195-2
定　　价：58.00 元

传承红色基因　赓续伟大精神

人无精神则不立，国无精神则不强。习近平总书记在党史学习教育动员大会上指出："在一百年的非凡奋斗历程中，一代又一代中国共产党人顽强拼搏、不懈奋斗，涌现了一大批视死如归的革命烈士、一大批顽强奋斗的英雄人物、一大批忘我奉献的先进模范，形成了井冈山精神、长征精神、遵义会议精神、延安精神、西柏坡精神、红岩精神、抗美援朝精神、'两弹一星'精神、特区精神、抗洪精神、抗震救灾精神、抗疫精神等伟大精神，构筑起了中国共产党人的精神谱系。"[①]在庆祝中国共产党成立100周年大会上，习近平总书记进一步指出："一百年前，中国共产党的先驱们创建了中国共产党，形成了坚持真理、坚守理想，践行初心、担当使命，不怕牺牲、英勇斗争，对党忠诚、不负人民的伟大建党精神，这是中国共产党的精神之源。"[②]革命理想高于天。以伟大建党精神为源头的中国共产党人的精神谱系，是我

[①]　习近平：《在党史学习教育动员大会上的讲话》，《求是》2021年第7期。

[②]　习近平：《在庆祝中国共产党成立100周年大会上的讲话》，《人民日报》2021年7月2日第2版。

们党和国家红色基因的重要组成部分，已经深深融入中华民族的血脉和灵魂，成为鼓舞和激励中国人民不断艰苦奋斗、攻坚克难、从胜利走向胜利的强大精神动力。

中国共产党的党旗是红色的，中华人民共和国的国旗是红色的——红色是中国共产党和中华人民共和国最鲜亮的底色。红色基因是我们党的血脉和灵魂，是我们党的宝贵财富和精神力量。在革命战争年代，中国共产党人随时面临生死考验。第一次国共合作失败后，中华大地被白色恐怖笼罩，革命者血流成河，但是他们没有被腥风血雨吓倒。夏明翰身陷牢狱坚贞不屈，在给妻子的家书中发出"坚持革命继吾志，誓将真理传人寰"的豪迈誓言。1936年，共产党员赵一曼在与日军作战中负伤被俘，面对敌人的严刑拷打，她宁死不屈，从容就义，年仅31岁。在抗美援朝战争中，时任志愿军某部连长的杨根思，坚守阵地，在危急关头，抱起仅有的一包炸药，拉燃导火索，纵身冲向敌群，与敌人同归于尽，生命定格在28岁……

回顾历史，100多年来，我们党始终把为中国人民谋幸福、为中华民族谋复兴作为自己的初心使命，始终坚持共产主义理想和社会主义信念，遭遇无数艰难险阻，经历无数生死考验，付出无数惨烈牺牲，以"为有牺牲多壮志，敢教日月换新天"的大无畏气概，团结带领全国各族人民为争取民族独立、人民解放和实现国家富强、人民幸福而不懈奋斗，书写了中华民族几千年历史上最恢宏的史诗，创造了人类发展史上的伟大奇迹。习近平总书记强调："要深刻认识红色政权来之不易，新中国来之不易，中国特色社会主义来之不易。"

　　把红色基因传承好，确保红色江山永不变色，是我们的历史责任和光荣使命。党的二十大的主题是："高举中国特色社会主义伟大旗帜，全面贯彻新时代中国特色社会主义思想，弘扬伟大建党精神，自信自强、守正创新，踔厉奋发、勇毅前行，为全面建设社会主义现代化国家、全面推进中华民族伟大复兴而团结奋斗。"党的二十大闭幕后不到一周，习近平总书记带领新当选的二十届中共中央政治局常委瞻仰延安革命纪念地，庄严宣示新一届中央领导集体赓续红色血脉、传承奋斗精神，在新的赶考之路上向历史和人民交出新的优异答卷的坚定信念。新时代新征程，我们要牢记"三个务必"，牢记红色政权是从哪里来的、新中国是怎么建立起来的、新时代伟大变革的成就是如何取得的，坚定道路自信、理论自信、制度自信、文化自信，坚定历史自信，增强历史主动，谱写新时代中国特色社会主义更加绚丽的华章。

　　"传承红色基因"系列图书，坚持以习近平新时代中国特色社会主义思想为指导，旨在从党的百年伟大奋斗历程中汲取继续前进的智慧和力量，讲好红色故事、传承红色基因、赓续红色血脉，坚定理想信念，为全面建设社会主义现代化国家、全面推进中华民族伟大复兴凝聚强大精神力量。

　　是为序。

辛向阳

2023 年 11 月 29 日

大力弘扬企业家精神，争做爱国敬业、守法经营、创业创新、回报社会的典范，为进一步全面深化改革、推进中国式现代化贡献力量。

目　录

第四章　营造有利于企业家健康成长的环境

第五章　弘扬企业家精神，推进社会主义现代化建设

第一章
企业家与企业家精神的提出

新中国成立以来，我国的社会主义建设事业取得突飞猛进的发展。尤其是随着改革开放的推进，我国国内生产总值迅速提高，从1978年的3679亿元增加至2023年的1260582亿元，取得举世瞩目的成就，创造了世所公认的"中国奇迹"。中国经济所取得的成就，与中国企业的快速崛起与蓬勃发展息息相关，而企业的发展在很大程度上得益于企业家队伍的不断壮大，以及企业家精神的培育与传承。

第一节　企业家与企业家精神的概念

不论是在国外还是在国内，企业作为微观经济主体，在经济发展中的作用越来越突出。从大的跨国公司到中小型企业，无一不是市场供求中的重要环节。作为企业的领导者，企业家对企业的发展起着关键性作用，他们身上所体现的企业家精神，不仅对企业自身的发展至关重要，更为一个时代的经济发展打上鲜明的烙印。

一、何谓企业家

长期以来，社会上对"企业家"这一概念一直存在一种误解。许多人认为，老板就是企业家。我们可以看到，许多老板在企业经营中不仅敢于冒险和创新，而且积极参与社会公益，为社会贡献着自己的力量。我们也可以看到，许多老板"小富即安"，或缺乏责任担当意识，只想着如何赚钱，而不考虑企业的社会形象与责任，这些人都算是企业家吗？企业家是不是有特定的含义？是不是只要拥有一家企业就可以称为企业家，甚至只要做生意就可以称为企业家？要回答这些问题，必须对"企业家"这一概念进行定义。

（一）企业家在中国早已有之

我们现在所说的"企业家"一词源于法文，其含义是"敢于承担一切风险和责任而开创并领导一项事业的人"，带有冒险家的意思。实际上，在这一概念出现之前，企业家在中外早已存在，只不过是没有以这一概念来对企业家群体进行界定。

中国古代就有士农工商的划分，《管子·小匡》曰，"士农工商四民者，国之石民也"，就是指士、农、工、商是国家的根本和柱石，其中的"商"就包括企业家。在《史记》中，司马迁专门写了《货殖列传》。货殖就是利用货物的生产与交换进行商业活动，并从中获得盈利。在《货殖列传》中，司马迁记述了春秋末期至秦汉以来的大企业家，如范蠡、子贡、白圭、猗顿、卓氏、程郑、孔氏、师氏、任氏等，并给予了很高的评价。

被誉为"商祖"、后世商人奉为行业祖师爷的白圭，是战国时期中原人。他先是在魏国做官，后来弃政从商。当时，人们将商人分为两类，一类被称为"诚贾""良商"，另一类被称为"奸贾""佞商"，而白圭正是这一时期良商的典型代表。他能敏锐把握商机，提出"人弃我取，人取我与"的经营原则。在收获季节或丰年，农民大量出售谷物，白圭就适时购进，再将丝绸、漆器等生活必需品卖给这些比较宽裕的农民；而在年景不好或青黄不接时，他以比别的商家低廉的价格销售以前收购的粮食，满足老百姓的需求。在白圭看来，真正的商人不应唯利是图，而应当具备"智、勇、仁、强"四种秉性。白圭的商业理念对后世产生了极大影响，如南洋著名华侨企业家陈嘉庚奉行的"人弃我取，人争我避"，就源自白圭的经营思想。

曾辅助越王勾践的陶朱公范蠡是一个经商奇才，他在经商致富后经常扶危济困。有一年恰逢天下大旱，农民几乎颗粒无收，范蠡仅保留自己的生活必需，把其余财产全部拿出来救济百姓，亿万家产一日耗尽。在范蠡的一生中，这样的事情不止一次，他曾三次散尽家财济危助困，因此被司马迁评价为"富好行其德"。

历史上被看作爱国商人典型代表的郑国弦高，不只关心自己的生意，更十分关注国家的安危，他假装犒师智退秦军的故事至今仍广为流传。公元前 627 年，弦高去成周经商，在经过滑国时，遇到要去袭击郑国的秦军。弦高担心国家的安危，心生一计，他一边赶紧派人回郑国禀报秦军来袭的事，一面冒充郑国的使者，带着十二头牛去犒劳秦军，并对秦军的首领说，我们的国君听说你们要来了，特派我来犒劳你们。秦军以为郑国已经有了准备，于是取消了攻打郑国的计划，使郑国避免了亡国。弦高回到郑国后，郑国君主要用高官厚禄奖赏他，他却婉言谢绝，对国君说："我作为商人，忠于国家不是理所应当的嘛。"

从古至今，在漫漫的历史长河中，许多优秀的企业家都在以自身的努力为中华民族、为国家做出自己的贡献。孔子曰，"君子喻于义，小人喻于利"。孟子曰，"穷则独善其身，达则兼济天下"。中国优秀的企业家秉持着正确的义利观，以"经邦济世""经世济民"为己任，推动着国家的繁荣和民族的富强。

（二）企业家概念在西方的发展

18 世纪，爱尔兰经济学家理查德·坎蒂隆首次对企业家概念进行了界定。他在《商业性质概论》一书中指出，在欧洲，除君主和土地所有者外，一国中的所有居民都可以被划分为两个阶级，即企业家和受雇者。企业家一方面承担着市场的需求，另一方面兼顾着市场的供给，他们的存在保证了市场均衡的实现。在坎蒂隆看来，竞争性的企业家活动会不断激发人们的创新活力，是市场繁荣的源泉。

1800 年前后，法国经济学家萨伊将"企业家"一词推广使用。萨伊在对亚当·斯密、托马斯·马尔萨斯等人的研究中发现，资本家和"承办者"的作用和职责是不同的，而在亚当·斯密等人的著作中，并没有对资本的所有者、对企业进行组织和经营的管理者或"承办者"进行划分。在萨伊看来，企业家的职能就是组合生产要素[1]，"将资源从生产力和产出较低的领域转移到生产力和产出较高的领域"[2]。

到了 1890 年，英国经济学家阿尔弗雷德·马歇尔在其所著的《经济学原理》中，对企业家的作用进行了比较详细的论述。他认为，一般商品交换过程中，由于买卖双方都不能准确预测市场的供求情况，因而造成市场发展的不均衡，而企业家则是消除这种不均衡的特殊力量。他是生产要素卖方与产品买方之间的中间人，是使生产要素在企业中结合起来，形成产品并送到消费者手中这一组织化过程的中心。[3] 在对企业家作用进行描述的基础上，马歇尔指出，企业家是不同于一般职业阶层的特殊阶层，他们的特殊性是敢于冒险和承担风险。

① ［美］约瑟夫·熊彼特：《经济发展理论》，郭武军译，中国华侨出版社 2020 年版，第 78 页。
② ［美］彼得·德鲁克：《创新与企业家精神》，蔡文燕译，机械工业出版社 2020 年版，第 25 页。
③ ［英］马歇尔：《经济学原理》（下卷），朱志泰译，商务印书馆 1964 年版，第 392 页。

　　1911 年，约瑟夫·熊彼特的《经济发展理论》以德语形式首次出版。该书开创性地提出了"创新理论"，并以此来对企业家及其作用进行系统的阐释。熊彼特被誉为"创新理论"鼻祖，在他看来，并不是所有的企业主、经理人或实业家都叫企业家，实际履行企业家职能的人才算企业家；只是经营一家立足已稳的企业的人，并不算企业家。企业家的职能是什么呢？熊彼特强调，企业家的职能就是实现"创新"，引进"新组合"。"实施新组合是企业家最突出的职能，也是能将企业家活动和其他活动区分开来的唯一特征。"[1] 这种新组合包括五项内容：引进新产品；引进新技术；开辟新市场；掌握新的原材料供应来源；实现新的组织形式。熊彼特认为，在没有创新的情况下，经济只能处于一种"循环流转"的均衡状态，经济增长只是数量的变化，不能创造出具有质的飞跃的"经济发展"。而企业家的集中出现是繁荣的唯一原因。[2] 从熊彼特的定义我们可以看出，他对企业家与仅仅是经营企业的老板等进行了区分，不进行创新的老板是不能称为企业家的。

　　在熊彼特之后，"现代管理学之父"彼得·德鲁克对企业的经营和管理进行了深入阐释，并对企业家及其精神做了进一步阐发。他在《创新与企业家精神》一书中指出，企业家的本质就是有目的、有组织的系统创新，而创新就是改变资源的产出，就是通过改变产品和服务，为客户提供价值，提高客户满意度。为了解释什么样的人才能称为企业家，德鲁克以麦当劳为例指出，麦当劳的创始人雷·克罗克让汉堡

---

① ［美］约瑟夫·熊彼特：《经济发展理论》，郭武军译，中国华侨出版社 2020 年版，第 80 页。
② ［美］约瑟夫·熊彼特：《经济发展理论》，郭武军译，中国华侨出版社 2020 年版，第 238、241 页。

包这一在西方很普遍的产品通过连锁的方式进行标准化生产，大大提高了资源的产出，扩大了消费需求，影响了人们的生活，因而是位杰出的企业家。同样是在餐饮业，如果有对夫妇仅仅是在美国某市郊开了一家熟食店或墨西哥餐馆，那能算是企业家吗？德鲁克给出的答案是否定的，因为尽管他们也冒了一些风险，但他们所做的事情只是以前被重复了多次的老套子而已，既没有创造出一种新的满足，也没有创造出新的消费需求。

德鲁克的这一例证也解答了本章开篇所提出的问题，并不是所有创办或经营企业的人都可以称为企业家，企业家必须具有创新精神。在德鲁克看来，美国之所以可以持续繁荣，甚至超越了所有经济学家对美国经济周期的预测，最根本的原因在于，美国出现了真正的企业家经济。因此，创新和企业家精神应该成为社会、经济和组织维持生命活力的主要因素之一。①

二、企业家精神

从概念上看，"企业家精神"与"企业家"是紧密联系在一起的。创办或经营企业的人之所以被称为企业家，是因为其具有组织建立和经营管理企业的综合才能。在组织和经营企业过程中，企业家所展现出来的能够推进企业发展、促进资源高效率利用的才能被视为企业家精神，是企业领导者在组织管理企业和各种生产要素过程

① ［美］彼得·德鲁克：《创新与企业家精神》，蔡文燕译，机械工业出版社 2020 年版，封底文字。

中展现出来的理念、价值、思维方式等。在英文术语使用上，企业家（entrepreneur）和企业家精神（entrepreneurship）常常互换。在西方，从"企业家"这一名词开始出现，到德鲁克对企业家及其作用的系统阐述，我们可以看出，创新和提高资源产出一直是企业家定义所重视的内容与核心。

正如企业家的出现远远早于这一概念的提出一样，企业家精神也早已存在。尽管这一概念在西方提出，但这种精神在中国古代已经存在，并随着时代的发展而具有更丰富的内涵。

（一）中国古代到近代的企业家精神

我们在前面已经提到，我国古代的企业家并不仅仅追求利润，而是不断提出新的经营理念，更以爱国、爱民为己任。不仅如此，在中国文明发展史上，在勇于创新的企业家精神推动下，每个时代都出现了许多新产品、许多令人赞叹的发明，推动着中国文明不断进步。如我国宋代出现的交子，最开始就是由于铜铁钱币不便于携带，企业家之间为了使商业活动以更为便捷的方式进行，而在小范围内约定使用的货币。这种创新很快便吸引了当时政府的注意，从而被推广到全国，也由此促进了大型贸易活动的进行。在几千年的发展中，中国古代的企业家精神不断积淀，形成了勤俭节约、善于把握时机、注重创新、爱国爱民的内核。

近代以来，面对中国落后的现实，张謇、范旭东、卢作孚等一批爱国企业家胸怀"实业救国"的理想，力图振兴民族工业。其家国情怀和民族精神不仅支撑着他们创办和发展企业，更成为后世宝贵的精神财富。中国传统儒家理论中的"修身、齐家、治国、平天下"，在这些企业家身上得到了鲜明的体现。他们通过兴办实业，把自己的经营行为和国家、民族的命运联系在了一起。正是在这一批勇于创新、富有社会责任感的爱国企业家的推动下，中国近代民族工业得到了发展。

（二）新中国成立后的企业家精神

新中国成立后，企业家精神不断发展，形成了具有中国特色的精神内核。

1. 新中国成立初期到改革开放前的企业家精神

1949 年中华人民共和国成立后，面临着国力贫弱、百废待兴的局面。为改变这一面貌，许多工业战线的劳动模范拼命工作，体现着那个时代的企业家精神。其中具有代表性的如鞍山钢铁公司孟泰、王崇伦等人，他们勇于突破，不断进行技术革新，创新企业管理模式，推动了被称为"鞍钢宪法"的企业管理模式的形成。

新中国成立初期，钢铁工业是我国重点发展的行业。鞍钢作为共和国钢铁行业的长子，其发展更是受到重视。20 世纪 50 年代，苏联专家将"马钢宪法"管理模式引入我国企业。这一模式来源于苏联最大的冶金联合企业——马格尼托哥尔斯克钢铁公司，其特点是推行"一长制"，强调行政命令，依靠少数专家制定标准化规章制度，在技术上只认同专业精英。鞍钢开始时也是采用这种管理模式。然而，随着时间的推移，该模式的问题逐渐显现，如负责人钻研业务的少、职工得不到有效指导、缺乏工作动力等。在这种情况下，鞍钢人充分发挥了创新精神，不断摆脱"马钢宪法"的束缚，逐渐形成"两参一改三结合"的模式："两参"即干部参加集体生产劳动，工人群众参加企业管理；"一改"即改革企业中不合理的规章制度，建立健全合理的规章制度；"三结合"即企业领导干部、技术人员与工人群众相结合。在这一模式的形成中，孟泰、王崇伦等全国劳动模范起到了重要作用。

　　孟泰是新中国成立后第一代全国劳动模范，先后担任鞍钢炼铁厂配管组组长、技术员、副技师、设备修理厂厂长、炼钢厂副厂长、鞍钢工会副主席等职务。他爱厂如家，艰苦创业，会同王崇伦等鞍钢的全国劳动模范开展技术协作，推动鞍钢技术革新运动蓬勃发展，促进形成"两参一改三结合"的企业管理新模式。作为一名与高炉循环水打了几十年交道的人，孟泰对密如蛛网的1000多根冷却水管线烂熟于心，可以说是了如指掌，特别是他的"掂水"功夫堪称一绝。孟泰只要把手伸向流淌的循环水水流掂几下，就可以准确地判断出水的温度、压力及管路流通的状况。每次高炉循环水出现故障，他总是能手到病除，因而被同行称为"高炉神仙"。他还根据自己的经验，总结归纳出一套"眼睛要看到，耳朵要听到，手要摸到，水要掂到"的工作规律及操作技术。这"四到"被人们称为"孟泰工作法"。[①]

　　王崇伦也是全国劳动模范，曾担任鞍钢车间副主任、鞍钢工会主席等职务。1953年，他还是鞍钢北部机修厂工具车间的一名刨工时，就相继改进成功7种工具、卡具，发明了"万能工具胎"，用一年时间完成了几年的生产任务，成为全国最先完成第一个五年计划的一线工人，被誉为"走在时间前面的人"。

---

① 《孟泰：钢铁战线的老英雄》，新华社（百度百家号客户端），2019年10月15日，https://baijiahao.baidu.com/s?id=1647445118773878963&wfr=spider&for=pc。

正是在孟泰、王崇伦等人的倡议和带动下，鞍钢形成了一支以先进模范为骨干的技术革新队伍。1960 年初，苏联政府撕毁合同，停止对我国供应大型轧辊，致使鞍钢面临停产的危险。孟泰、王崇伦迅速动员组织 500 多名技术人员，开展从炼铁、炼钢到铸钢的一条龙厂际协作联合技术攻关，花了一年的时间，先后突破十几项重要技术难题，实现 100 多项革新，终于成功试制出大型轧辊等一些过去依靠进口的设备，填补了我国冶金史上的空白，被誉为"鞍钢谱写的一曲自力更生的凯歌"。[①]

1960 年 3 月，鞍山市委向党中央上报《关于工业战线上的技术革新和技术革命运动开展情况的报告》，汇报了鞍钢的管理经验，毛泽东同志在批示中进行了高度评价，并称之为"鞍钢宪法"。批示指出，过去"许多人主张一长制，反对党委领导下的厂长负责制。他们认为'马钢宪法'是神圣不可侵犯的"，而现在这个报告"不是马钢宪法那一套，而是创造了一个鞍钢宪法。鞍钢宪法在远东，在中国出现了"[②]。自毛泽东同志批示"鞍钢宪法"后，鞍钢党委制定了技术革新和技术革命规划，由孟泰、王崇伦牵头组织的技协活动高度普及，解决了许多生产、技术方面的难题，1960 年共提出合理化建议 80 万多条，经研究采纳实施 22 万多条。

这一阶段除了孟泰、王崇伦等人，在我国工业战线的多个领域都涌现出许许多多的奋勇拼搏、勇于创新的模范。同时，荣毅仁、王光

---

① 《孟泰：钢铁战线的老英雄》，新华社（百度百家号客户端），2019 年 10 月 15 日，https://baijiahao.baidu.com/s?id=1647445118773878963&wfr=spider&for=pc。
② 中共中央文献研究室编：《毛泽东年谱（1949—1976）》第 4 卷，中央文献出版社 2013 年版，第 353 页。

英等企业家积极响应政府号召，对企业实行公私合营。他们身上都鲜明地彰显着爱国、创新等企业家精神。

2.改革开放以来的企业家精神

改革开放后，随着企业自主权的逐步扩大，企业家的积极性和创造性被充分调动，出现了一大批优秀的企业家，他们不仅带领企业不断发展壮大，也推动我国改革进程向前发展。在这些企业家身上，我们可以看到其爱国爱民、勇于创新、富有社会责任感等优秀的精神与品质。正是在这些优秀精神的推动下，中国企业不断实现突破和发展。

总体来看，作为社会主义国家的企业的掌舵人，不仅要勇于创新，更要突破狭隘的企业利润至上观，要将企业利益与国家、民族、社会利益统一起来，将企业的发展融入中国特色社会主义现代化建设之中，通过企业的不断壮大促进我国经济社会的发展。

1993年，党的十四届三中全会明确提出"造就企业家队伍"，标志着我国已经把企业家队伍建设提到了一个新的高度。随着企业家队伍的壮大和时代的发展，我国企业家精神的内涵不断丰富，不仅表现在通过创新等推进企业自身的发展和进步，更表现为富有家国情怀，敢于承担社会责任，以推动社会发展为己任，通过企业的发展促进社会的进步。

第二节　企业家精神在我国的提出

党的十八大以来，习近平总书记多次提到企业家精神，强调企业家精神在我国社会主义现代化建设中的重要性。

一、企业家精神在我国提出的过程

（一）2014年首次在公开场合提到企业家精神

在 2014 年 11 月 9 日的亚太经合组织工商领导人峰会开幕式上，面对来自数十个国家和地区的 1500 多位工商界代表，习近平主席发表了题为"谋求持久发展　共筑亚太梦想"的主旨演讲。习近平主席指出，我们全面深化改革，就要激发市场蕴藏的活力。市场活力来自于人，特别是来自于企业家，来自于企业家精神。激发市场活力，就是要把该放的权放到位，该营造的环境营造好，该制定的规则制定好，让企业家有用武之地。我们强调要更好发挥政府作用，更多从管理者转向服务者，为企业服务，为推动经济社会发展服务。我们致力于发挥创新驱动的原动力作用，更多支持创新型企业。[①] 这是我国领导人首次在公开场合提到企业家精神。

（二）多次强调激发和保护企业家精神

2014 年之后，随着我国供给侧结构性改革和中国特色社会主义现

---

① 习近平:《谋求持久发展 共筑亚太梦想》,《人民日报》2014 年 11 月 10 日, 第 2 版。

代化建设的推进，企业在微观经济运行乃至整个国民经济发展中的作用越来越突出，因而，保护和弘扬企业家精神成为党中央日益关注的重点。

2016年3月4日，习近平总书记在看望参加全国政协十二届四次会议的民建、工商联委员并参加联组讨论时指出，广大非公有制经济人士要准确把握我国经济发展大势，提振发展信心，提升自身综合素质，完善企业经营管理制度，激发企业家精神，发挥企业家才能，增强企业内在活力和创造力，推动企业不断取得更新更好发展。[①]

2016年7月8日，习近平总书记在经济形势专家座谈会上指出，在错综复杂的国内外政治经济形势下，要实现更好发展，必须更好分析形势和环境，更好把握战略机遇期内涵和条件变化，更好把握宏观经济大势，更好应对挑战。为此，要加快培养造就国际一流的经济学家、具有国际视野的企业家。[②]同年12月举行的中央经济工作会议指出，混合所有制改革是国企改革的重要突破口，按照完善治理、强化激励、突出主业、提高效率的要求，在电力、石油、天然气、铁路、民航、电信、军工等领域迈出实质性步伐。加快推动国有资本投资、运营公司改革试点。要加强产权保护制度建设，抓紧编纂民法典，加强对各种所有制组织和自然人财产权的保护。坚持有错必纠，甄别纠正一批侵害企业产权的错案冤案。会议特别强调，要保护企业家精神，支持企业家专心创新创业。

---

① 习近平：《毫不动摇坚持我国基本经济制度 推动各种所有制经济健康发展》，《人民日报》2016年3月9日，第2版。

② 《习近平主持召开经济形势专家座谈会》，新华网，2016年7月8日，http://www.xinhuanet.com/politics/2016-07/08/c_1119189505.htm。

2017 年 4 月 18 日，中央全面深化改革领导小组第三十四次会议强调，企业家是经济活动的重要主体，要深度挖掘优秀企业家精神特质和典型案例，弘扬企业家精神，发挥企业家示范作用，造就优秀企业家队伍。在此次会议上，审议通过了《关于进一步激发和保护企业家精神的意见》，对激发和保护企业家精神作出专门规定，引起了社会的广泛关注。同一天，国务院批转《关于 2017 年深化经济体制改革重点工作的意见》，部署了 10 个领域 35 项年度经济体制改革重点任务，其中多项任务与激发和保护企业家精神有关，尤其是重点提到要加强产权保护制度建设，推动产权保护举措落地，甄别纠正一批社会反映强烈的产权纠纷申诉案件。

（三）2017 年中央首次对企业家精神提出 36 字要求

2017 年 9 月 8 日，《中共中央 国务院关于营造企业家健康成长环境弘扬优秀企业家精神更好发挥企业家作用的意见》出台。这是新中国成立以来首次围绕企业家和企业家精神出台的最高规格的文件，是我们党首次以中央文件的形式，对企业家和企业家精神的地位和作用予以肯定。文件对于如何营造企业家健康成长环境、弘扬优秀企业家精神、更好发挥企业家作用提出了指导意见。

文件指出，"企业家是经济活动的重要主体。改革开放以来，一大批优秀企业家在市场竞争中迅速成长，一大批具有核心竞争力的企业不断涌现，为积累社会财富、创造就业岗位、促进经济社会发展、增强综合国力作出了重要贡献。营造企业家健康成长环境，弘扬优秀企业家精神，更好发挥企业家作用，对深化供给侧结构性改革、激发市场活力、实现经济社会持续健康发展具有重要意义"①。这不仅肯定了改革开放以来企业家在我国经济和社会发展中所发挥的作用，而且强调了弘扬优秀企业家精神、更好发挥企业家作用对于我国实现经济社会持续健康发展的重要意义，对提振企业家信心、促进优秀企业家精神的培育至关重要。正是在这一文件中，中央对弘扬优秀企业家精神提出要求，即弘扬企业家爱国敬业遵纪守法艰苦奋斗的精神、创新发展专注品质追求卓越的精神、履行责任敢于担当服务社会的精神。

（四）2020 年对企业家精神内涵进行五个方面的界定

2020 年 7 月 21 日，习近平总书记在北京主持召开企业家座谈会并发表重要讲话。习近平总书记指出：改革开放以来，一大批有胆识、勇创新的企业家茁壮成长，形成了具有鲜明时代特征、民族特色、世界水准的中国企业家队伍。企业家要带领企业战胜当前的困难，走向更辉煌的未来，就要在爱国、创新、诚信、社会责任和国际视野等方面不断提升自己，努力成为新时代构建新发展格局、建设现代化经济体系、推动高质量发展的生力军。②

此次座谈会对企业家精神内涵的界定，不仅体现了国际范围内所强调的创新、诚信、国际视野等内容，更强调了进入新时代，在中国特色社会主义现代化建设中企业所必须具备的精神，即爱国和承担社会责任。座谈会充分肯定了改革开放以来我国企业家队伍的成长，指

① 《中共中央 国务院关于营造企业家健康成长环境弘扬优秀企业家精神更好发挥企业家作用的意见》，《中华人民共和国国务院公报》2017 年第 28 期。
② 习近平：《在企业家座谈会上的讲话》，《人民日报》2020 年 7 月 22 日，第 2 版。

明了企业家精神的时代内涵，对于我国在新形势下进一步发展壮大企业家队伍、增强企业发展活力，构建新发展格局，顺利推进全面建设社会主义现代化新征程，具有十分重要的意义。

二、为何要提出并强调企业家精神

企业家精神并不是新出现的事物，那么，中央为什么要在近些年提出和强调企业家精神呢？

（一）肯定企业家在经济发展中的作用，提振企业家信心

新中国成立后，特别是改革开放以来，我国经济发展取得了巨大成就，以长期持续的高速增长令全球瞩目。1978 年，我国国内生产总值为 3679 亿元，仅占世界经济比重的 1.8%。1979 年至 2018 年，中国经济年均增长率 9.4%，同期世界经济年均增速仅 2.9%，中国的年均增速是世界的 3 倍多。2020 年，在新冠疫情肆虐的不利环境下，我国经济增长率依然达到了 2.3%，是全球唯一实现经济正增长的主要经济体。从经济总量的绝对值来看，2000 年我国经济总量突破 10 万亿元大关，2010 年达到 41.2 万亿元，超过日本并连年稳居世界第二，2012 年突破 50 万亿元。2020 年我国国内生产总值突破 100 万亿元，成为名副其实的经济大国。从制造业来看，制造业增加值占世界比重在 2010 年达到 19.8%，首次超过美国，动摇了其百年来头号制造业大国的地位。2023 年，中国制造业增加值占全球比重约 30%，自 2010 年以来连续保持世界第一制造业大国的地位。

我国经济之所以能取得如此高速稳定的发展，与企业家和企业家精神的作用是分不开的。改革开放40余年来，我国市场主体数量飞速发展。在改革开放初期，市场主体仅49万户，到了2023年底，市场主体已达到1.84亿户，其中企业5826.8万户，个体工商户1.24亿户。1978年，我国共有工业企业34.8万个，全国国有资产总额4488亿元。从1978年至2018年，全国国有企业营业收入、利润总额分别实现年均增长11.9%、10.3%。[①] 根据国家统计局公布的数据，2023年全国规模以上工业企业实现利润总额76858.3亿元。可以看到，改革开放以来，在各项政策的激励下，我国企业的数量大幅提升，企业的规模急剧扩大，企业家不断涌现，使我国各个行业和领域都得到充分发展。

正是基于企业和企业家在社会主义经济社会发展中的重要性，中央提出企业家精神是对企业家作用的肯定，为企业家的更好发展提供支持、扫清障碍，进一步提振企业家的信心。

（二）中国经济发展新常态和供给侧结构性改革需要企业家精神

随着中国经济的发展，劳动力、能源和资源等成本优势正慢慢削弱，创新成为新的驱动力。2014年12月5日，中央政治局会议指出，我国进入经济发展新常态。2014年12月9日至11日举行的中央经济工作会议首次阐述了新常态的九大特征。对于经济新常态，习近平总书记指出几个主要特点：一是从高速增长转为中高速增长。二是经济结构不断优化升级，第三产业消费需求逐步成为主体，城乡区域差距逐步缩小，居民收入占比上升，发展成果惠及更广大民众。三是从

---

① 王璐:《从计划到市场 中国企业竞相释放活力》,《经济参考报》2019年9月12日。

要素驱动、投资驱动转向创新驱动。

为适应中国经济发展的新常态，我国提出了供给侧结构性改革，旨在调整经济结构，使要素实现最优配置，提高经济增长的质量和数量。而推进供给侧结构性改革，就是要更多地发挥好企业和个人的作用，通过改革制度供给，大力激发微观经济主体活力，增强我国经济长期稳定发展的新动力。政府的主要职责是把法律、法规、标准和政策制定好，给企业和市场相对稳定的预期，提高其积极性和创造性。

无论是中国经济进入新常态，还是推进供给侧结构性改革，作为微观经济主体的企业都将发挥更大的作用，因此，企业家和企业家精神的作用将变得更为重要，这是不言而喻的。企业家是企业的灵魂。人无精神不立，对于一个企业来说，也是如此。事实已经证明，企业家精神是我国经济社会发展的重要资源和宝贵财富。进入新时代，要更好地推动创新要素的优化配置，构建新发展格局，必然离不开企业家精神的引领与推动。因而，提出和强调企业家精神就具有鲜明的时代意义。

（三）为做强做优做大企业、解决现实问题提供指导与路径

当前，我国企业自身的发展状况以及世界经济环境的发展变化都要求弘扬企业家精神。提出与强调企业家精神正是回应企业家关切的问题、引导企业家预期、规范企业家行为、激励企业家创新的关键之举。

首先，企业做强做优做大需要加强企业家精神。2019年，世界500强中中国企业有129家，美国企业有121家，这是中国企业在该

榜单上首次超过美国，财富中文网称之为"历史性的突破"。然而，我们注意到，在这些中国企业中，大多数业务来自中国本土，可以睥睨全球的屈指可数，而有强大创新和文化影响力的企业更是凤毛麟角。而且，从利润方面来看，中国企业 500 强的净资产利润率为 9.65%，比当年世界 500 强低 2.68 个百分点，比当年美国 500 强低 5.51 个百分点。在人均净利润方面，中国企业 500 强同样远低于世界 500 强与美国 500 强。这种盈利能力的差距，在很大程度上抑制了中国企业向高质量发展的转型，延缓了企业转型的进程。从国外企业发展的经验来看，全球型大公司形成超强全球竞争力的真正秘诀在于，吸纳全球资源加以整合，把价值链延伸到全球，从而构建全球价值链。在这一方面，中国企业要做的工作还有很多。要构建全球价值链，真正成为具有全球竞争力的跨国企业，就必须充分发挥企业家精神，加快创新步伐，实现全球资源整合，增强企业的全球竞争力，创造高服务附加值的产品。

其次，增强中国在高科技领域的竞争力，需要企业家精神。改革开放以来，我国自主创新能力日益增强，在许多领域都取得了突破，重大创新成果不断涌现。如嫦娥四号、北斗三号、大飞机、载人航天、高铁网络等重大成果举世瞩目，在人工智能、深海深地探测等高技术领域不断取得重大突破。但总体来看，由于创新基础比较薄弱，因而许多高精尖技术还掌握在国外垄断企业手中，很多产业还处于全球价值链的中端甚至低端，能引领未来发展的科技重大创新还比较少。尤其是随着中美经贸摩擦的加剧，关键核心技术受制于人的问题进一步暴露。要解决"卡脖子"难题，就必须依靠创新，在与发达国家竞争的赛道上实现"弯道超车"。而要做到这一点，必须弘扬企业家精神，发挥企业家敢于担当、勇于创新的精神，实现关键技术的突破。

最后，为解决现实中限制企业家精神发挥的问题提供依据与路径。改革开放后，我国通过实行现代企业制度，理顺政府与市场的关系等，为企业的发展提供了良好的环境。但从现实来看，当前我国在产权平等全面依法保护、市场统一公平竞争等方面，与法治、透明、公平的要求还有差距，加之企业面对的市场需求结构、生产条件、资源环境发生很大变化，从而限制了企业家精神的发挥，使得部分企业家扎根实业、勇于创新创业的意愿有所减弱。① 因而，从中央层面提出和强调企业家精神，为解决现实中存在的问题提供了方法和路径。

---

① 韩树平：《营造法治环境，激发和保护企业家精神》，海外网（搜狐号），2017 年 12 月 11 日，https://www.sohu.com/a/209805563_115376 。

第二章
改革开放以来企业家精神的发展

1978年党的十一届三中全会召开，做出把党和国家的工作重心转移到经济建设上来、实行改革开放的历史抉择。随后，我国建立和完善社会主义市场经济体制，扩大企业自主权，调整企业责权利关系，为企业家的发展和企业家精神的弘扬提供了舞台，企业家精神成为中国经济增长的重要助推器。

第一节　改革开放推动企业与企业家精神的发展

改革开放以来，我国多措并举，逐步扩大企业经营自主权，协调政府与市场的关系，推进所有制改革，为企业创造了良好的环境，为企业家的发展和企业家精神的弘扬提供了舞台。

一、建立和完善社会主义市场经济体制，为企业发展提供更好平台

在传统的计划经济体制下，企业缺乏经营自主权，企业家的自主性和创造性无法充分发挥，企业家精神因此受到一定限制。党的十一届三中全会后，随着改革开放的推进，我国开始从计划经济体制向社会主义市场经济体制转变，为企业和企业家精神提供了更好的发展空间与平台。

（一）对计划与市场认识的发展

对于计划和市场的问题，我国在改革开放前就进行过理论探索。1958 年 11 月，毛泽东同志在主持召开郑州会议时就指出了保持和发展商品生产的必要性和重要意义，认为商品生产不能与资本主义混为

一谈，对商品生产的评判"要看它是同什么经济制度相联系，同资本主义制度相联系就是资本主义的商品生产，同社会主义制度相联系就是社会主义的商品生产"，"要有计划地大大发展社会主义的商品生产"。[①] 这些关于商品生产的论述，为改革开放后我国社会主义商品经济的发展和社会主义市场经济体制的建立提供了有益的理论探索。1959 年 3 月，毛泽东同志在批注山西省委的文件中指出，价值法则"是一个伟大的学校，只有利用它，才有可能教会我们的几千万干部和几万万人民，才有可能建设我们的社会主义和共产主义"[②]。

改革开放后，邓小平同志结合中国实践，多次论述计划与市场问题，为社会主义市场经济体制的建立奠定了理论基础。

1979 年 11 月 26 日，邓小平同志在会见外宾时指出："说市场经济只存在于资本主义社会，只有资本主义的市场经济，这肯定是不正确的。社会主义为什么不可以搞市场经济，这个不能说是资本主义。我们是计划经济为主，也结合市场经济，但这是社会主义的市场经济。虽然方法上基本上和资本主义社会的相似，但也有不同，是全民所有制之间的关系，当然也有同集体所有制之间的关系，也有同外国资本主义的关系，但是归根到底是社会主义的，是社会主义社会的。市场经济不能说只是资本主义的。市场经济，在封建社会时期就有了萌芽。社会主义也可以搞市场经济。"[③]

1981 年 6 月，党的十一届六中全会通过了《关于建国以来党的若

---

① 《毛泽东文集》第 7 卷，人民出版社 1999 年版，第 439、437 页。
② 《毛泽东文集》第 8 卷，人民出版社 1999 年版，第 34 页。
③ 《邓小平文选》第 2 卷，人民出版社 1983 年版，第 236 页。

干历史问题的决议》，指出要大力发展社会主义的商品生产和商品交换，必须在公有制基础上实行计划经济，同时发挥市场调节的辅助作用。在党的十二大上，"计划经济为主，市场调节为辅"的方针得到肯定，打破了我国之前把社会主义经济视为排斥市场调节的计划经济的观念，允许市场调节的存在和运行。

1984 年 10 月，党的十二届三中全会通过了《中共中央关于经济体制改革的决定》（以下简称《决定》），提出了我国社会主义经济是"公有制基础上的有计划的商品经济"。《决定》指出："要突破把计划经济同商品经济对立起来的传统观念，明确认识社会主义计划经济必须自觉依据和运用价值规律，是在公有制基础上的有计划的商品经济。商品经济的充分发展，是社会经济发展的不可逾越的阶段，是实现我国经济现代化的必要条件。"[①]《决定》不再将计划经济和商品经济相对立，对马克思主义政治经济学进行了创新和发展，为我国的全面经济体制改革提供了理论指导。

1985 年 10 月 23 日，邓小平同志在会见美国高级企业家代表团时指出："社会主义和市场经济之间不存在根本矛盾……我们过去一直搞计划经济，但多年的实践证明，在某种意义上说，只搞计划经济会束缚生产力的发展。把计划经济和市场经济结合起来，就更能解放生产力，加速经济发展。"[②]

1987 年 10 月，党的十三大指出，我国社会主义有计划商品经济的体制应该是计划和市场内在统一的体制，新的运行体制总体上来说

---

① 《中共中央关于经济体制改革的决定》，《中华人民共和国国务院公报》1984 年第 26 期。
② 《邓小平文选》第 3 卷，人民出版社 1993 年版，第 148—149 页。

应当是"国家调节市场，市场引导企业"的机制，要加快建立和培育社会主义市场体系。

1992年初，邓小平同志在南方谈话中指出："计划多一点还是市场多一点，不是社会主义与资本主义的本质区别。计划经济不等于社会主义，资本主义也有计划；市场经济不等于资本主义，社会主义也有市场。计划和市场都是经济手段。社会主义的本质，是解放生产力，发展生产力，消灭剥削，消除两极分化，最终达到共同富裕。"[①]

上述讲话和精神阐明了计划和市场都是经济手段，从根本上解除了把计划经济和市场经济看作社会基本制度范畴的束缚，从理论上解决了经济体制改革中遇到的关键问题，使我国的经济体制改革有了明确的方向，并从实践角度指出了我国发展社会主义市场经济的路径，为我们在社会主义建设中借助市场的手段促进经济发展提供了理论依据。

（二）社会主义市场经济体制的建立和完善

1992年10月，党的十四大报告指出，经济体制改革的目标，是在坚持公有制和按劳分配为主体、其他经济成分和分配方式为补充的基础上，建立和完善社会主义市场经济体制。

1993年11月，党的十四届三中全会通过《中共中央关于建立社会主义市场经济体制若干问题的决定》（以下简称《决定》），对如何建立社会主义市场经济体制进行了阐释。《决定》指出，社会主义市场经济体制是同社会主义基本制度结合在一起的。建立社会主义市场经济

---

① 《邓小平文选》第3卷，人民出版社1993年版，第373页。

体制，就是要使市场在国家宏观调控下对资源配置起基础性作用。为实现这个目标，必须坚持以公有制为主体、多种经济成分共同发展的方针，进一步转换国有企业经营机制，建立适应市场经济要求，产权清晰、权责明确、政企分开、管理科学的现代企业制度；建立全国统一开放的市场体系，实现城乡市场紧密结合，国内市场与国际市场相互衔接，促进资源的优化配置；转变政府管理经济的职能，建立以间接手段为主的完善的宏观调控体系，保证国民经济的健康运行；建立以按劳分配为主体，效率优先、兼顾公平的收入分配制度，鼓励一部分地区一部分人先富起来，走共同富裕的道路；建立多层次的社会保障制度，为城乡居民提供同我国国情相适应的社会保障，促进经济发展和社会稳定。这些主要环节是相互联系和相互制约的有机整体，构成社会主义市场经济体制的基本框架。[①] 可以看到，《决定》对如何建立社会主义市场经济体制进行了详细规定。在这些规定与框架下，我国的社会主义市场经济体制建设逐步推进。

如今，社会主义市场经济体制日益完善，形成了统一开放、竞争有序的市场体系，公平竞争的发展环境，促进了生产要素的自由流动，所有这些都为企业的发展提供了更好的平台。宏观调控体系的完善使国民经济运行平稳，"市场失灵"得以避免，企业能够在一个总体持续稳定的环境下经营。在优胜劣汰的公平竞争机制下，企业家能够根据市场需要合理组织相关要素进行生产经营，企业要想获得更好的发展，必须依靠优质的产品与服务占领市场。在这一过程中，企业家对市场

---

① 《中共中央关于建立社会主义市场经济体制若干问题的决定》，《中华人民共和国国务院公报》1993 年第 28 期。

发展前景的准确判断、对市场机遇的适时把握、对产品和管理模式的不断创新，成为企业不断发展壮大的重要因素。

二、扩大企业自主权，推动企业家队伍的壮大

随着改革开放的推进，企业自主权开始逐步扩大。在这一过程中，企业家积极投身企业改革，锐意进取，破解企业改革难题，努力增强企业活力，极大地推进了企业的发展，企业家队伍日益壮大。

（一）1978 年开始扩大企业自主权试点工作

1978 年，党的十一届三中全会指出，"我国经济管理体制的一个严重缺点是权力过于集中，应该有领导地大胆下放，让地方和工农业企业在国家统一计划的指导下有更多的经营管理自主权；应该着手大力精简各级经济行政机构，把它们的大部分职权转交给企业性的专业公司或联合公司"[①]。为落实这一精神，部分省市选择了一些企业作为试点，开始扩大企业自主权。

1978 年 10 月，四川率先在全国进行扩大企业自主权的试点工作。宁江机床厂、重庆钢铁公司、成都无缝钢管厂、四川化工厂、新都县氮肥厂、南充丝绸厂 6 家不同行业的国有企业成为首批试点企业。"试点企业逐户核定利润指标，确定当年增产增收目标，允许在年终完成

———————
① 《中国共产党第十一届中央委员会第三次全体会议公报》，《人民日报》1978 年 12 月 24 日，第 1 版。

计划以后提取利润，作为企业的基金，并允许给职工发放少额奖金。"①
这种方式极大地调动了企业和职工的积极性，当年底6家试点企业全
部超额完成了第四季度的计划指标。

　　在试点企业取得成功的基础上，四川省于1979年2月12日制
定《关于扩大企业权利，加快生产建设步伐的试点意见》（以下简称
"十四条"）。"十四条"提出，要使企业拥有利润提留权，扩大再生
产权，联合经营权，外汇分成权，灵活使用奖金权。文件要求把企业
的责权利结合起来，把国家、集体、个人三者利益结合起来，并且决
定扩大试点范围，在100家企业中进行扩权试点。到1979年底，84
个试点工业企业比1978年总产值增长14.7%，利润增长33%，上缴
利润增长24.2%。②

　　四川试点企业的成功使扩大企业自主权的工作开始向全国推进。
1979年7月13日，国务院向各省、市、自治区和有关部门下发了
《关于扩大国营工业企业经营管理自主权的若干规定》《关于国营企业
实行利润留成的规定》等5个文件，要求在少数国营企业组织试点。
主要内容是"放权让利"：允许企业实行利润留成；提高固定资产折
旧率；在保证完成国家计划的前提下，企业可制定补充计划，自行销
售产品；有权设置内部机构，任免中层以下干部；等等。目的是改革
现行管理体制，调动企业和职工的积极性，搞活生产。到1979年底，
据四川、北京、上海等22个省、直辖市、自治区2963个试点企业的

---

① 《一条"别样"广告刮起生产资料改革"春风"》，新华网，2018年11月8日，http://www.
xinhuanet.com/politics/2018-11/08/c_1123684692.htm。
② 《中国共产党大事记（1979年）》，中国政府网，2007年9月4日，转自人民网，http://www.
gov.cn/test/2007-09/04/content_736384.htm。

统计，全年完成的工业总产值比 1978 年增长 12.2%，实现利润增长 20%，上缴利润增长 13.4%，超过了试点前的水平。[①]

（二）国企领导人员呼吁"松绑"放权

1984 年 3 月，福建 55 名国有企业的厂长经理联名发出"松绑"放权呼吁信，在全国引起了轰动。

这封呼吁信的起因是，前期国家扩大企业自主权的试点工作尽管取得了成功，但传统计划经济体制给企业带来的各种束缚总体上仍然非常重，企业活力还没有得到充分激发。许多人都反映，"干好干坏，30 多块，工人没有积极性。厂长、经理有'责'无'权'，只起到组织生产的作用"。面对这种情况，福建省经委在 1984 年 3 月 21 日至 24 日召开福建厂长（经理）研究会成立大会，研究如何搞活企业。在大会上，福日公司总经理和福州铅笔厂厂长被安排介绍企业的发展经验，这两家企业一个（福日公司）是福建第一家中外合资企业，一个（福州铅笔厂）是国有企业改革试点单位，都拥有较多的自主权。两家企业负责人介绍的经验引发了与会厂长、经理的共鸣。在经过激烈的讨论后，参会的 55 家国有企业的厂长经理一致认为，只有"松绑"放权才能使企业获得更好的发展，因此他们联名发出"松绑"放权呼吁信，提出放权不能只限于上层部门之间的权力转移，更重要的是要把权力落实到基层企业。

呼吁信提出的"松绑"内容主要包括：企业领导副职由正职提名，

[①] 《中国共产党大事记（1979 年）》，中国政府网，2007 年 9 月 4 日，转自人民网，http://www.gov.cn/test/2007-09/04/content_736384_3.htm。

再由上级主管部门考核任命，一般干部由企业自行任免；破除"终身制"，干部能上能下；企业奖励基金可自行支配，奖金随税利增减浮动；允许企业自行销售产品，实行厂长、经理负责制。1984 年 3 月 24 日，《福建日报》头版头条以"五十五名厂长、经理呼吁——请给我们'松绑'"为题将呼吁信全文发布，时任福建省委书记项南亲自撰写导语。3 月 30 日，《人民日报》转载呼吁信，并配发编者按，对福建重视呼吁信的做法大加赞赏。在当时，呼吁信顺应时代潮流，在全国引起巨大反响，有力地推动了我国国有企业改革，发挥了不可低估的历史性作用，成为我国企业家改革发展史上一个标志性事件。"松绑"放权呼吁信体现了我国企业家高度的历史责任感和使命感，展示了改革创新、求真务实的企业家精神。①

国企领导人员对"松绑"放权的渴求，以及前期试点企业获得的成功，使企业自主权的改革进一步推进。1984 年 5 月 10 日，国务院发布《关于进一步扩大国营工业企业自主权的暂行规定》，进一步下放生产经营计划、产品销售、产品价格、物资选购、人事劳动管理、工资奖金使用、联合经营等十个方面的权力，即著名的扩权"十条"。

（三）实行政企分开，增强企业活力

在传统的计划经济体制下，政企不分极大地限制了国有企业的生机与活力。针对这一状况，1984 年 10 月党的十二届三中全会通过的《中共中央关于经济体制改革的决定》指出，具有中国特色的社会主义，首先应该是企业有充分活力的社会主义。过去由于长期政企职责

---

① 于吉：《企业家》，企业管理出版社 2019 年版，第 165 页。

不分，企业实际上成了行政机构的附属物，中央和地方政府包揽了许多本来不应由它们管的事，而许多必须由它们管的事又未能管好。加上条块分割，互相扯皮，使企业工作更加困难。这种状况不改变，就不可能发挥基层和企业的积极性，不可能有效地促进企业之间的合作、联合和竞争，不可能发展社会主义的统一市场，而且势必严重削弱政府机构管理经济的应有作用。因此，按照政企职责分开、简政放权的原则进行改革，是搞活企业和整个国民经济的迫切需要。这是在党中央文件中第一次提到政企分开。1988 年 4 月 13 日，第七届全国人民代表大会第一次会议通过了《中华人民共和国全民所有制工业企业法》，其中第六章即 "企业和政府的关系"，由此政企分开的原则转变为法律规范。

1992 年，党的十四大报告指出，转换国有企业特别是大中型企业的经营机制，把企业推向市场，增强它们的活力，提高它们的素质。

（四）建立现代企业制度，更好发挥企业家作用

1993 年 11 月，党的十四届三中全会通过的《中共中央关于建立社会主义市场经济体制若干问题的决定》指出，国有企业改革的方向是建立现代企业制度，并对现代企业制度的基本特征进行界定，提出改革的要求：进一步转换国有企业经营机制，建立适应市场经济要求，产权清晰、权责明确、政企分开、管理科学的现代企业制度。

为了适应建立现代企业制度的需要，规范公司的组织和行为，保护公司、股东和债权人的合法权益，1993 年 12 月 29 日，八届全国人大常委会第五次会议通过《中华人民共和国公司法》，为企业的发展

提供了法律规范与保护。1994 年，国务院选择 100 家企业进行现代企业制度试点，加上各地方选择的试点企业，中央和地方共选择了 2500 多家企业，按照现代企业制度的要求进行试点。其中，杭州汽轮动力（集团）公司、重庆钢铁（集团）公司、冶钢集团公司和唐山碱厂等 4 家试点企业率先取得了实质性进展，成为国有企业改革的排头兵。

随着现代企业制度的建立以及国家相关法律法规的制定，国有企业实现了自主经营，企业家的作用得到了更充分的发挥，国有企业的经济效益明显提高。相关数据显示，1997 年国有及国有控股大中型工业企业为 16874 家，其中亏损的为 6599 家，占 39.1%。到 2000 年底，随着大多数国有大中型骨干企业建立现代企业制度，亏损企业已降为 1800 家，减少近 3/4。[1]

2018 年底，所有的中央企业都完成公司制改制，中央企业各级子企业公司制改制面超过 90%。省级国资委出资企业改制面达到 95.8%，国有企业开始全面融入市场经济。国有企业不再是政府的从属部门，而是受到《中华人民共和国公司法》约束的有限责任公司，公司成为企业法人。[2]公司制改制使企业经营管理更为规范，推进了企业家队伍的形成和发展。许多优秀的企业家在良好的制度环境下不断推进企业的发展。如原中国建材集团董事长宋志平大力推动混合所有制经济发展，集团联合重组了几百家企业，推动了国有资本与社会资本的共同发展。

---

[1]　于吉:《企业家》，企业管理出版社 2019 年版，第 185 页。
[2]　石涛:《中国国有企业改革 70 年的历史回眸和启示》，《湖湘论坛》2019 年第 5 期。

三、调整企业责权利关系，调动企业家积极性

20 世纪 70 年代末开始进行放权让利改革后，使企业的积极性得到更好的调动，使其责任、权力和利益相匹配，成为促进企业发展、调动企业家积极性的重要内容。

1981 年，在国有工业企业中普遍推行了经济责任制，这种责任制既包括企业对国家的经济责任制，也包括企业内部的经济责任制。1987 年，借鉴农村改革的成功经验，在国有大中型企业中普遍推行承包经营责任制，小型企业则多数采取了租赁的形式。

通过放权和经济责任制明确了企业的责任后，调整利益分配方式对于调动企业积极性就至关重要。在传统体制下，人们普遍感到"干与不干一个样，干多干少一个样，干好干坏一个样"，原有分配方式难以调动积极性，因而在放权的同时也要让利。在改革刚开始时，实行过利润分成制度，但其缺点是随意性太强，一户一率，具体形式也很多。为解决这一问题，1983 年开始实行两步利改税。

1983 年 2 月 28 日，国务院批转财政部《关于国营企业利改税试行办法（草案）的报告》并发出通知，指出：对国营企业实行利改税，是经济管理体制改革的一个重要方面。所谓利改税，就是将国营企业原来向国家上缴利润的办法，改为按国家规定的税种和税率向国家缴纳税金。3 月 17 日至 29 日，全国利改税工作会议召开，强调利改税工作要管住两头：一头是把企业搞活；一头是国家得大头，企业得中头，职工得小头。4 月 27 日，经国务院批准，由财政部制定的《关于国营企业利改税试行办法》下发各地：一、凡有盈利的国营大中型企

业（包括金融保险组织），均根据实现的利润，按百分之五十五的税率交纳所得税。企业交纳所得税后的利润，一部分上交国家，一部分按照国家核定的留利水平留给企业。二、凡有盈利的国营小型企业，应该根据实现的利润，按八级超额累进税率交纳所得税。交税以后，由企业自负盈亏，国家不再拨款。但对税后利润较多的企业，国家可以收取一定的承包费，或者按固定数额上交一部分利润。

1984 年的《政府工作报告》提出，从今年第四季度开始，进行利改税的第二步改革。这次改革是要从税利并存逐步过渡到完全以税代利。通过这次改革，把国家与国营企业的利润分配关系用税收形式固定下来，较好地解决了企业吃国家"大锅饭"的问题，为落实企业自主权提供了必要条件，使企业逐步做到"独立经营，自负盈亏"，进一步调动了企业和职工的积极性。

1992 年党的十四大提出建立社会主义市场经济体制后，为进一步理顺政府与企业间的分配关系，开始推行税制改革。1994 年开始实行分税制，妥善解决了当时中央财政收入占全国财政收入比重较低以及政府和企业之间分配不均的问题，彻底厘清了"税"和"利"之间的关系。

2013 年，党的十八届三中全会通过的《中共中央关于全面深化改革若干重大问题的决定》提出，要落实税收法定原则，使企业财产权利得到了更好的保护。

四、鼓励、支持和引导非公有制经济发展，民营企业家快速成长

改革开放后，我国积极鼓励、支持和引导非公有制经济的发展，确立和完善了公有制为主体、多种所有制经济共同发展的基本经济制度，民营企业获得了良好的发展机遇，民营企业家队伍逐步壮大。

（一）确立和完善公有制为主体、多种所有制经济共同发展的基本经济制度

1979 年 2 月，国家工商行政管理局召开了"文化大革命"结束后的第一次全国工商行政管理局长会议，提出并经中共中央、国务院批转的报告指出，"各地可根据当地市场需要，在取得有关业务主管部门同意后，批准一些有正式户口的闲散劳动力从事修理、服务和手工业等个体劳动，但不准雇工"。这一政策的推出，为个体经济的发展开了绿灯，也让个体经济逐渐被人们接受。1982 年召开的第五届全国人大第五次会议通过的新修改的《中华人民共和国宪法》规定，在法律范围内的城乡劳动者个体经济，是社会主义公有制经济的补充。国家保护个体经济的合法的权利和利益。

1988 年，第七届全国人大第一次会议通过的《中华人民共和国宪法修正案》规定："国家允许私营经济在法律规定的范围内存在和发展。私营经济是社会主义公有制经济的补充。国家保护私营经济的合法的权利和利益，对私营经济实行引导、监督和管理。"这为私营经济的发展开了绿灯，提供了重要的法律保障。同年，全国各地工商行政

管理机构开始办理私营企业的注册登记。

1992 年，邓小平同志南方谈话和党的十四大召开使社会主义市场经济体制改革进入一个新的阶段。党的十四届三中全会通过的《中共中央关于建立社会主义市场经济体制若干问题的决定》指出，坚持以公有制为主体、多种经济成分共同发展的方针。在积极促进国有经济和集体经济发展的同时，鼓励个体、私营、外资经济发展，并依法加强管理。这一决议对民营经济的发展起到了极大的推动作用，非公有制经济进入蓬勃发展期。

1997 年，党的十五大提出，公有制为主体、多种所有制经济共同发展，是我国社会主义初级阶段的一项基本经济制度。非公有制经济是我国社会主义市场经济的重要组成部分。对个体、私营等非公有制经济要继续鼓励、引导，使之健康发展。这对满足人们多样化的需要、增加就业、促进国民经济的发展有重要作用。

2003 年，党的十六届三中全会通过的《中共中央关于完善社会主义市场经济体制若干问题的决定》提出，完善公有制为主体、多种所有制经济共同发展的基本经济制度，大力发展国有资本、集体资本和非公有资本参股的混合所有制经济。此时，非公有制经济平等参与市场经济竞争的制度基本确立，国家对大力发展和引导非公有制经济提出了各项鼓励性政策，民营经济进入了大发展的黄金时期。根据国家工商总局的数据，2002—2013 年间，全国企业数量大幅度增长，年平均增长率达到 6.90%，其中私营企业增长最快，年平均增长率达到 15.00%，私营企业数占全国实有企业总数比重从 35.93% 提高至 80.43%。在这一时期，个体工商户从 2377 万户增加至 4436 万户，年平均增长率达到 5.84%；全国总计（指实有企业数与个体工商户的总计）由 3111 万户增加至 5964 万户，年平均增长率达到 6.09%。[①]

（二）为民营企业的发展提供制度保障

2005 年，《国务院关于鼓励支持和引导个体私营等非公有制经济发展的若干意见》发布，也就是著名的"非公经济 36 条"，对有关政策进行补充和调整，并逐步降低准入门槛，为民营经济营造良好的发展环境。2010 年 5 月 7 日，《国务院关于鼓励和引导民间资本投资健康发展的若干意见》（以下简称"非公经济新 36 条"）发布，认为我国民间投资已经成为促进经济发展、调整产业结构、繁荣城乡市场、扩大社会就业的重要力量。因此，在毫不动摇地巩固和发展公有制经济的同时，要毫不动摇地鼓励、支持和引导非公有制经济发展，进一步鼓励和引导民间投资。"非公经济新 36 条"对民营经济可以涉及的领域进行了更广泛的规定，如与 2005 年的"非公经济 36 条"只允许民营资本参股能源领域的自然垄断业务相比，"非公经济新 36 条"不但明确提出鼓励民间资本参与石油天然气的勘探开发环节，更允许民营资本与国有石油企业合作开展油气勘探开发。总体而言，这两个关于非公经济的文件的发布，为促进民营经济和民间投资的发展提供了制度保障和安排。

党的十八大以来，对民营企业的发展更为重视。2018 年 11 月，习近平总书记在主持召开民营企业座谈会时强调，民营企业和民营企

---

① 《〈中国国家治理现代化〉一、国有经济和民营经济关系的历史演变》，人民网，2014 年 8 月 25 日，http://theory.people.com.cn/n/2014/0825/c388253-25532824.html。

业家是我们自己人。民营经济在发展过程中遇到的难题逐步得到解决，民营企业的发展环境进一步完善。

可以看出，改革开放以来，我国积极鼓励、支持和引导民营经济发展，贯彻平等准入、公平待遇的原则，为民营企业在各行各业的发展提供了支持与保障，民营经济的发展不断实现质的飞跃，民营企业家队伍不断发展壮大，优秀的民营企业家不断涌现。他们抓住时代赋予的机遇，不断开拓创新，在发展企业的同时也推进着中国经济的增长。

第二节　企业家精神成为经济增长的重要助推器

在改革开放后采取的各项措施推动下，企业自主决策经营，企业家的积极性大大提升，企业家茁壮成长，形成了一支具有鲜明时代特征、民族特色、世界水准的中国企业家队伍。企业家精神在这一过程中不断发展，并成为经济增长的重要助推器。正如有学者所指出的，改革开放以来，企业家精神是中国经济高速增长的重要动力，在不同时期都发挥了突出的作用。[①]

---

① 李雪娇:《克难奋进 彰显企业家精神》,《经济》2020 年第 9 期。

一、改革初期的企业家精神

党的十一届三中全会作出把党和国家工作中心转移到经济建设上来、实行改革开放的历史性决策。在开放搞活政策的推动下，出现了一批敢闯敢试的企业家，推动着我国体制改革的进程和经济的发展。

（一）敢于冒险的乡镇企业家的崛起

党的十一届三中全会后，经济体制改革首先在农村取得突破。家庭联产承包责任制的实施提高了土地的生产效率，增强了农民生产的积极性。与农村改革相伴随的是乡镇企业的异军突起。此时，在政策的推动下，一大批优秀的乡镇企业家迸发了极大的勇气和魄力，在市场经济地位还未确立、商业生态还不成熟的环境下，大胆经商，给经济注入了活力。这一时期，敢于冒险是企业家精神的主要特征，企业家为搞活经济做出了重要贡献。

1. "中国第一商贩"年广九

改革开放之初，有部分人敏感地察觉到了形势的变化，抓住机会，成为最早吃到改革红利的人。"傻子"年广九是其中之一。在改革初期，作为个体经济的"傻子瓜子"引起激烈讨论——成立公司、注册"傻子"商标、"个体户"雇用工人，等等，这些在现在来看是十分普通的经营行为，在当时却是有很大争议的。年广九因其在个体经济领域的开创性被称作"中国第一商贩"，成为改革开放进程中个体私营经济发展的标志性人物之一。2018 年，在全国工商联发布的《改革开放 40 年百名杰出民营企业家名单》中，年广九是资格最老的企业家之一。

年广九从 9 岁开始就随父亲在街头摆水果摊，父子俩以"利轻业重，事在人和"为做生意的基本原则。后来，年广九开始经营瓜子，并以质量上乘、价廉物美的产品和热情大方的经营方式赢得了顾客。由于他卖的瓜子分量足，利润非常少，因此同行都称他为"傻子"，年广九干脆就以此作为自己产品的名号，并在 1979 年 12 月注册了"傻子瓜子"商标。

在改革开放的东风下，年广九靠着勇于冒险、诚信经营的精神，使小作坊很快发展，到 1984 年，其雇工人数发展到 103 人，纳税 30 多万元。然而，当时国家工商局关于个体户雇工的规定是最多 8 个，年广九雇用的工人远远超出规定，社会上对他的非议也越来越多，许多人都认为他是搞资本主义，是新型资本家。这个问题也是当时非常有代表性的问题，引起了党中央的重视。实际上，在 1980 年，邓小平同志就看到了时任中央农村政策研究室主任杜润生转交的关于"傻子瓜子"雇工问题的调查报告，对此邓小平同志表示要"放一放"和"看一看"。这也是邓小平同志最早谈到"傻子瓜子"问题。1984 年 10 月 22 日，邓小平同志在中顾委第三次全体会议上就"傻子瓜子"雇工问题指出："前些时候那个雇工问题，相当震动呀，大家担心得不得了。我的意见是放两年再看。那个能影响到我们的大局吗？如果你一动，群众就说政策变了，人心就不安了。你解决了一个'傻子瓜子'，会牵动人心不安，没有益处。让'傻子瓜子'经营一段，怕什么？伤害了社会主义吗？"[1] 这一谈话也为傻子瓜子公司的发展减少了阻力。

---

[1] 《邓小平文选》第 3 卷，人民出版社 1993 年版，第 91 页。

1992 年初，邓小平同志在南方谈话中再次谈到了"傻子瓜子"问题："农村改革初期，安徽出了个'傻子瓜子'问题。当时许多人不舒服，说他赚了一百万，主张动他。我说不能动，一动人们就会说政策变了，得不偿失。像这一类的问题还有不少，如果处理不当，就很容易动摇我们的方针，影响改革的全局。"① 正是以"傻子瓜子"年广九等为代表的中国改革开放早期企业家，以其朴素顽强的企业家精神，为中国市场经济改革闯出了一番天地。②

2."乡镇企业改革发展的先行者"鲁冠球

改革开放初期，许多勇于创新、敢于冒险、诚信经营的企业家抓住机会，使乡镇企业获得了良好的发展机遇，甚至成为具有全球影响力的国际企业。在 2018 年 12 月 18 日庆祝改革开放 40 周年大会上被授予"改革先锋"称号的鲁冠球，就是其中的杰出代表。

1969 年 7 月，鲁冠球带领 6 名农民，集资 4000 元，创办了宁围人民公社农机修配厂。1978 年 7 月，农机厂改为萧山宁围万向节厂。1979 年，《人民日报》发表的一篇社论《国民经济要发展，交通运输是关键》让鲁冠球发现了新的机遇，他判断中国将大力发展汽车业，而自己企业生产的万向节就是汽车传动轴和驱动轴的连接器。在这一判断的基础上，鲁冠球决定将其他产品调整下马，集中力量生产汽车万向节。

1980 年，鲁冠球背着自己厂子生产的万向节去参加行业交易会，然而，当时行业交易会仅限国营工厂参加，乡镇企业连交易会的门都

---

① 《邓小平文选》第 3 卷，人民出版社 1993 年版，第 371 页。
② 叶竹盛：《法治是企业精神的催化剂》，《人民日报》2017 年 9 月 27 日，第 5 版。

进不去。为了不空手而归，鲁冠球在交易会会场门口偷偷地摆起了摊子，并抓住国有企业固定定价的特点，有针对性地打出降价广告，以低于国营工厂20%的价格出售其所带去的万向节，一下子吸引了大批客户。为了让生产出来的产品真正占领市场，鲁冠球对产品的质量进行严格把关。这年夏天，安徽芜湖的一家客户寄来退货信，说是发给他们的万向节有一部分出现了裂纹，鲁冠球当即组织30个人去全国各地的客户那里盘查清货，结果背回来3万多套不合格的万向节。鲁冠球把全场工人召集起来，带头将价值43万元不符合标准的万向节送往废品收购站，当作6分钱一斤的废铁全部卖掉。在当时来说，43万元几乎是一个天文数字。然而，正是在对产品质量的坚守中，其万向节厂获得了迅速的发展。

从这3万多套万向节的报废着手，鲁冠球开始对工厂进行全面整顿。1980年底，在全国万向节厂整顿检查中，鲁冠球的工厂以99.4的高分居全国同行业之首，被列入全国仅有的三家万向节定点生产专业厂之一。1983年，为了获得自主经营的权利，鲁冠球以自己家价值2万多元的苗木做抵押，与乡政府签订厂长个人风险承包合同，开了浙江企业承包改革的先河，并在企业内首创了浮动工资制，极大地调动了员工的积极性，推动了企业的发展。从1980年至1989年，鲁冠球的万向节产品经济效益年均增长达40%以上，1988年鲁冠球以1500万元向宁围镇人民政府买断万向节厂股权。

1990年开始，鲁冠球提出"大集团战略、小核算体系、资本式运作、国际化市场"的战略方针，将"钱潮牌"万向节产品推向国际市场。1994年，万向正式在深交所上市，成为当时中国第一家上市的乡镇企业。1997 年，他们生产的万向节敲开了汽车巨头美国通用汽车公司的大门，成为第一个进入美国市场的中国汽车零部件企业，并在之后打开了日本、意大利、法国、澳大利亚，以及中国香港等 18 个国家和地区的市场。2000 年，拥有世界上最多万向节专利的美国舍勒公司因经营不善，濒临倒闭，鲁冠球抓住机会收购了舍勒公司。2001 年 8 月，万向又收购了美国一家纳斯达克上市公司——UAI 公司，开了中国民营企业收购海外上市公司的先河。此后，还相继收购了美国历史最悠久的轴承生产企业之一 GBC 公司、洛克福特公司等一系列国外汽车零部件厂商，向全世界展示了中国企业家勇于改革实践的智慧和担当。

3. 以"晋江模式"等为代表的乡镇企业的发展

在这一阶段，以"晋江模式"等为代表的乡镇企业的发展也是企业家精神重要作用的体现。习近平同志在福建工作期间，七下晋江视察调研，在肯定、剖析"晋江模式"的基础上，总结形成了做大做强民营企业、加快县域经济发展等的"晋江经验"。2002 年，时任福建省省长的习近平同志分别在《人民日报》《福建日报》发表关于晋江经济持续快速发展的调查与思考的署名文章，将"晋江经验"总结为"六个始终坚持"和"处理好五大关系"：始终坚持发展社会生产力，坚持以市场为导向，坚持在顽强拼搏中取胜，坚持诚信，坚持立足本地优势，坚持加强政府引导和服务；正确处理好有形通道和无形通道、发展中小企业和大企业、发展高新技术产业和传统产业、工业化和城市化、发展市场经济与建设新型服务型政府之间的关系。①

---

① 人民日报评论员：《"晋江经验"孕育发展奇迹》，《人民日报》2018 年 7 月 9 日，第 1 版。

在"晋江模式"形成的初期，拼搏冒险、敢为天下先正是其最明显的精神特质。对于晋江企业家来说，在很多人还在为扩大生产、扩大销售而奔忙时，他们就敢于花重金买设备、投广告、创品牌，从而抢占市场的制高点。在很多人还在为融资困难、资金短缺而发愁时，他们就大胆地进行企业改制、挂牌上市。譬如，20 世纪 80 年代中期，东南沿海出现了大量家庭小作坊，由于同质化竞争，利润越来越少。恒安集团董事长许连捷在这种情形下，决定放弃家里的服装生意，转向卫生用品领域，这个领域在当时的中国，没有多少人接触过，而做"第一个吃螃蟹的人"也并不容易。许连捷说："我们村连一个正规的公司的人才都没有，也不懂什么叫管理，（经过不懈的努力和摸索）后来就比较顺了。"而在晋江企业安踏集团的大楼内，人们耳熟能详的"永不止步"四个字作为企业精神就刻在墙上。

实际上，不只恒安和安踏这两个企业，很多晋江企业都有这种危机意识和创新精神。更难能可贵的是，晋江企业家敢于把新想法、新思路付诸实践，敢于迈出第一步，这样就能快人一步。随着改革进入深水区，市场竞争越来越激烈，先手优势不断凸显，这种创新中的冒险精神更加不可或缺。晋江企业家曾形象地说，新技术的应用，第一桶金很重要，第一个应用的人也很重要，因为机会不等人，等别人做完你再来做，就可能连"喝汤"的机会都没有了。从这个意义上说，创新精神、冒险精神是晋江人的宝贵财富，也是改革开放的宝贵财富。①

---

① 吕红桥、张子亚：《从"晋江经验"看企业家精神——敢为天下先》，央广网，2018 年 7 月 9 日，https://www.cnr.cn/list/finance/20180709/t20180709_524294764.shtml。

（二）勇于先行先试的国有企业家

在民营企业家通过冒险、创新精神获得发展的同时，国有企业也在突破计划经济的束缚。在以放权让利为主线的改革中，企业经营自主权进一步扩大，企业家群体开始崛起。这一时期的国企改革，是在坚持计划经济为主、市场为辅的前提下，政府向企业放权让利，扩大企业经营自主权，为此，重点采取了五项改革措施，即扩大企业自主权、经济责任制、两步利改税、承包经营责任制和转换经营机制。在我国企业改革探索实践中，涌现出一大批敢于先行先试的国有企业家，冒险与创新精神在他们身上得到了鲜明的体现。

1.国企改革"邯钢经验"的创造者刘汉章

被中共中央、国务院授予"改革先锋"称号的"邯钢经验"创造者刘汉章是这一阶段国有企业家的代表之一。

1984年，刘汉章出任邯钢总厂厂长，刚一上任便开始改革。他坚持从实际出发，提出"量力而行、滚动前进、梯度发展"方针，自筹资金，先后对一炼钢、二炼钢、中板、高线等进行技术改革，同时，抓住邯钢成为全省首批厂长负责制的试点机遇，大刀阔斧地在邯钢进行领导体制改革和劳动人事分配制度改革，将284名符合要求的中青年干部提拔到各级领导岗位，并实行了岗位工资向一线倾斜的分配制度改革。

1988年，国家冶金部在邯钢召开现场会，推广邯钢技术改革发展经验，邯钢被誉为"我国地方钢铁企业开出的一列特别快车"。1989年，钢铁市场疲软，钢价急剧下跌，原燃料、电费等成本却大幅上涨，致使1990年邯钢生产的钢材90%出现亏损，原本计划上缴的一

2亿元的承包利润只能靠贷款解决。面对这种情况，不少国企还在坐等市场好转，希望政府帮助解决问题，刘汉章和他的班子决定解放思想，走向市场。他带领干部职工冲破计划经济思想观念的束缚，把市场机制引入企业内部经营管理，抓住成本管理"牛鼻子"；创立并推行"模拟市场核算，实行成本否决"经营机制，打破"大锅饭"，邯钢10万多个成本指标落到2.8万名职工头上，形成"千斤重担人人挑，人人肩上有指标"的责任体系。

　　1991年1月，邯钢改革正式推行，当年前三季度，邯钢实现利税同比增加6351万元，增长70%，位于全国同行业前列。曾经连续5个月亏损的邯钢，改革后接连盈利，利润总额连续4年保持全国同行业前三位，连续8年稳居河北省第1位。1992年，冶金部在冶金行业推广邯钢做法。1993年，国家经贸委组织29个省、自治区、直辖市经贸委主任、部分企业厂长到邯钢学习。1996年，国务院专门发出通知，要求各地区、各有关部门结合实际学习和推广"邯钢经验"，先后有2万多家单位去邯钢学习取经。邯钢的做法"为国有企业实行从传统的计划经济体制向社会主义市场经济体制、从粗放经营向集约经营两个具有全局意义的根本性转变提供了借鉴"[①]。朱镕基同志曾专程视察邯钢，称赞邯钢是"我们工业战线上的一面红旗"，邯钢也成为继大庆之后在全国推广的第二个工业学习典型。

[①]　国家经贸委、冶金部：《关于邯郸钢铁总厂管理经验的调查报告》，《人民日报》1996年1月25日，第2版。

2. "国企承包第一人"马胜利

曾被称为"全国最著名厂长",被授予"首届全国优秀企业家"称号、两次全国五一劳动奖章获得者的马胜利也是这一阶段国营企业家的典型代表。

20世纪80年代初,马胜利所在的石家庄造纸厂和其他国营大厂一样,仍按"原料由国家供给,产品由国家包销"的计划思维经营。但随着改革的推进,国家不再包收购,造纸厂也一改原先"皇帝女儿不愁嫁"的状态,到1984年已连续3年亏损。此时,上级下达了17万元的年利润指标,厂领导都不敢接下。这个时候,当时只是一名普通业务科长的马胜利站了出来,他在厂门口贴出一封《向领导班子表决心》的公开信,毛遂自荐要承包石家庄造纸厂。公开信上面写着:我请求承包造纸厂!承包后,实现利润翻番!工人工资翻番,达不到目标,甘愿受法律制裁!我的办法是:"三十六计"和"七十二变",对外搞活经济,对内从严治厂……公开信只有80多个字,在当时那个对"姓资还是姓社"问题争论不休的时代,这封公开信一石激起千层浪,他也由此成为承包国有企业的第一人。

担任厂长后,他率先在国有企业打破"铁饭碗、铁工资"制度。他的"三十六计"和"七十二变",大多是在用人机制、产品创新和销售激励上做文章,如在厂里推行"层层承包、责任到人"制度,还打破国营企业"管产不管销"的模式,提出了"市场需要什么,我们就生产什么"的经营理念。承包第一个月,造纸厂利润超过21万元,第一年140万元,第二年280万元,第三年320万元……连年亏损的工厂摇身变为效益大户,石家庄造纸厂借改革之势成为全国明星企业。[①]1985 年 7 月 26 日，新华社发表长篇通讯《时刻想着国家和人民利益的好厂长马胜利》。1986 年底，马胜利获得"勇于开拓的改革者"称号，1986 年和 1988 年更是两次获得全国五一劳动奖章。邓小平同志多次接见马胜利，并称赞他为改革做出了贡献。

总体来看，这一阶段的企业家充分展现了冒险精神，其特征更多体现为敢为天下先，对市场机会的充分警觉和对成本节约的高度重视。他们能够敏锐把握别人尚未捕捉的机会，从而快速推动企业发展。

正是在这些企业家的引领下，在这种勇于创新、敢于担当的企业家精神的推动下，中国的企业在 1978 年改革开放以来短短的十几年时间就得到非常大的发展，并促进中国经济呈现快速增长的态势。

从民营经济来看，据统计，在 1978 年，中国城镇个体劳动力只有 15 万人，到 1982 年，个体工商户注册户数即升到 263.7 万户，注册资金 8.25 亿元，从业人员达到 319.9 万人。1991 年底，注册户数增加到 1416.8 万户，注册资金 488.15 亿元，从业人员达到 2258 万人。1988 年底，全国登记注册的私营企业为 4.06 万户，从业人员 72.4 万人，注册资金总额 32.86 亿元。1991 年底，登记注册的私营企业为 10.8 万户，从业人员 183.9 万人，注册资金为 123.2 亿元。[②]

从国有企业来看，在放权让利的推动下，企业自主权和积极性大大提高。尤其是 1992 年 7 月，国务院颁布了《全民所有制工业企业转换经营机制条例》，规定了 14 项企业经营自主权，使企业的自主权进

---

① 《国企承包第一人马胜利辞世》，《北京日报》2014 年 2 月 10 日。
② 陈东、刘志彪：《新中国 70 年民营经济发展：演变历程、启示及展望》，《统计学报》2020 年第 2 期。

一步细化，同时也强化了企业家的责任，使企业进一步规范发展。在这些举措的激励下，企业改革快速推进。1990年，第一轮承包到期预算内工业企业有3.3万多家，占全部承包企业总数的90%，以此为基础，1991年第一季度末开启第二期承包；与此同时积极探索租赁制、股份制等各种形式的经营机制转变模式，1991年全国已经有3220家股份制试点企业，1992年底有3700家试点企业，其中92家在上海证券交易所上市。[①]

企业家精神推动了企业的发展和市场的成熟，促进我国经济飞速发展，我国国内生产总值从1978年的3645亿元快速提升，1986年达到1万亿元，1991年突破2万亿元。

二、改革推进时期的企业家精神

1992年邓小平同志视察南方并发表南方谈话，结束了社会上对改革是姓"资"还是姓"社"的争论，也使我国的改革快速推进。在这种有利的环境下，我国企业家以开拓进取的改革精神、海纳百川的开放精神带领企业不断发展，成为中国特色社会主义现代化建设中的亮丽风景线。

（一）改革的快速推进为企业家提供了新的机遇

1992年，党的十四大指出我国经济体制改革的目标是建立社会

---

① 黄群慧：《回顾中国国有企业改革40年，"新国企"还需深化》，《中国经济学人（英文版）》2018年第1期。

主义市场经济体制。同年，国家经济体制改革委员会颁布了《股份有限公司规范意见》和《有限责任公司规范意见》。这两个文件被喻为"中国企业发生真正变革的转折点"，在中国企业制度与西方现代公司制度接轨中具有里程碑意义，同时，这两个文件也是 1993 年《中华人民共和国公司法》形成的基础。伴随着现代企业制度的发展，企业家精神不断涌现，并成为 20 世纪 90 年代后期中国经济高增长的重要动力之一。

1992 年，邓小平同志的南方谈话使中国改革开放的步伐显著加快。邓小平同志在视察武昌、深圳、珠海、上海等地发表的讲话中指出："改革开放胆子要大一些，敢于试验，不能像小脚女人一样。看准了的，就大胆地试，大胆地闯。深圳的重要经验就是敢闯。没有一点闯的精神，没有一点'冒'的精神，没有一股气呀、劲呀，就走不出一条好路，走不出一条新路，就干不出新的事业。不冒点风险，办什么事情都有百分之百的把握，万无一失，谁敢说这样的话？"[①] 当时，这一讲话可以说起到了为企业家加油鼓劲的作用，极大地激励了企业家精神的发展。

当时国内外的经济政策环境也有助于企业家精神的培育和发挥。从国有企业来看，1993 年党的十四届三中提出进一步转换国有企业经营机制，建立适应市场经济要求，产权清晰、权责明确、政企分开、管理科学的现代企业制度。1993 年《中华人民共和国公司法》的通过使企业的经营逐步在法制化、规范化的轨道上健康发展。2002 年党的十六大提出深化国有资产管理体制改革。2003 年 3 月国务院成立了国

---

① 《邓小平文选》第 3 卷，人民出版社 1993 年版，第 372 页。

有资产监督管理委员会，同年 5 月发布了《企业国有资产监督管理暂行条例》。此后，《中华人民共和国公司法》的修订、《中华人民共和国物权法》的制定等都使公司法人治理结构进一步完善。

从民营企业来看，党的十四届三中全会通过的《中共中央关于建立社会主义市场经济体制若干问题的决定》指出，"国家要为各种所有制经济平等参与市场竞争创造条件，对各类企业一视同仁"。2002 年 11 月，党的十六大提出"两个毫不动摇"和一个"统一"，即"毫不动摇地巩固和发展公有制经济"，"毫不动摇地鼓励、支持和引导非公有制经济发展"；"统一于社会主义现代化建设的进程中，不能把这两者对立起来"。2007 年 10 月，党的十七大提出"坚持平等保护物权，形成各种所有制经济平等竞争、相互促进新格局"。可以看出，民营经济的地位日益提高，民营经济所获得的发展机遇越来越多。

从国际范围来看，20 世纪 90 年代信息技术的发展及互联网时代的到来，使信息产业在国民经济中的地位不断提高，人类迈向信息社会，国民经济逐渐信息化和知识化。我国工业化进程也出现和信息化快速融合的特点，以移动互联网技术及依托于此而发展起来的新应用、新消费与新生活方式，深刻改变了中国商业生态体系和商业文明，为企业的发展提供了新的机遇。

在这种国内外条件的推动下，企业家充分展示了探索精神，其特征体现为开拓进取的改革精神、海纳百川的开放精神等。[1]

---

[1] 刘志阳：《改革开放四十年企业家精神的演进》，《人民论坛》2018 年 12 月中。

（二）具有开放胸怀和先进理念的企业家群体的涌现

1992 年邓小平同志的南方谈话给当时的知识分子带来了非常大的震动。大批在政府机构、科研院所工作的知识分子受南方谈话的影响，纷纷下海创业。和在此之前的中国企业家相比，这一批企业家是中国现代企业制度的试水者，他们可能是中国最早具有清晰、明确的股东意识的企业家的代表。

此后，随着我国加入世界贸易组织以及互联网时代的到来，我国企业家将目光转向全球，致力于将更多的中国产品和企业推向世界。同时，一批知识分子尤其是具有海外教育背景的，由于对科技和市场前沿有比较直接的体验和了解，因而回国创办或投身科技含量较高的企业，如 IT、电信、生物技术、医药或投资企业等。他们带来了创始人制度和期权制度，解决了创始人和团队的财富问题，更重要的是让产权和公司治理更加明晰和科学。

这一阶段的企业家，其总的特征是善于抓住时代带来的机会，勇于突破和开拓进取，在创办企业和经营企业的过程中极大地发挥了创新精神。而这些具有高学历的知识分子向企业家的转变，也为中国企业的发展带来了新的动力，他们借助改革开放所释放的政策红利，运用自己丰富的知识实现企业的快速发展，同时，他们都熟知国外先进的管理理念，使得企业的管理和经营更为科学。正是在这一时期，企业家开始以一个整体性的社会阶层形态出现，并且通过自身的努力开始在经济发展中发挥重要作用。他们不断强化国内自主生产的能力，并在生产差异逐渐变小的基础上，将竞争逐步转向了营销能力与企业管理能力方面，成就了大规模民族品牌的崛起。[①]

1. 李东生：电子产业打开国际市场的开拓者

1982 年，李东生从华南理工大学毕业后，没有选择进入政府机关，而是进入当时惠州才成立 1 年的外资厂——TTK 家庭电器有限公司，也就是 TCL 的前身。1990 年初，李东生第一次参加美国拉斯维加斯电子产品展销会，看到国外展台上陈列的琳琅满目的电子产品，他深深感受到中国企业与世界的差距，下决心要发展中国的实业。1991 年，李东生抓住上海浦东新区开发所提供的新机遇，在上海创办分公司，创新销售模式、建立企业营销网络。1992 年，TCL 进入大屏幕彩电市场，其推出的 28 英寸王牌大彩电在全国一炮打响。1996 年，李东生接任 TCL 董事长，通过整体改制使企业实现了由地方小企业向中国消费电子领先企业的历史跨越。

随着中国加入 WTO，李东生意识到，企业必须走出去，形成全球化的竞争能力。1999 年，TCL 全球化第一战在越南打响。2004 年，李东生开始把目光放到欧美市场。2014 年 1 月，TCL 与法国汤姆逊公司正式签署合资协议。3 个月后，TCL 又宣布收购阿尔卡特手机业务。这两项举措使 TCL 的国际化发展迈出了坚实的步伐，也开了中国企业国际化经营的先河。

在参与国际竞争、进行全球布局时，李东生将目光瞄准了液晶面板。当时，这一领域基本被日韩企业垄断。2009 年，TCL 上马华星光电，依靠自主创新建成我国首条高世代面板线，打破了日韩企业在半

[①] 冯小茫：《企业家精神对改革开放以来民营经济发展的影响研究》，《现代商业》2019 年第 19 期。

导体面板制造领域的长期垄断，使中国成为继日韩之后掌握自主研制高端显示科技的国家，也改写了我国"缺芯少屏"的历史。

在李东生的带领下，TCL从当初的一个小小的公司发展成跨国企业集团，在全球拥有数十个研发机构、联合实验室和制造加工基地。李东生在2018年被授予"改革先锋"称号，获评"电子产业打开国际市场的开拓者"。谈到中国企业家的作用时，李东生表示，生逢伟大时代，企业家群体应该比以往任何时候更具备打造"中国的世界品牌"的责任感与使命感；更要以"走出去"的中国品牌为依托，讲好中国故事，传播中国文化，为大国崛起贡献品牌力量。①

2. 李彦宏：海归创业报国推动科技创新的优秀代表

百度创始人李彦宏是美国纽约州立大学布法罗分校计算机科学硕士。他在美国读研究生期间，曾报名参加过学校的一个研究小组。当时负责面试的教授随口问他："你是中国来的？""你们中国有计算机吗？"教授的问话让李彦宏非常难受，当时已经是20世纪90年代了，中国怎么可能没有计算机？这一问题几乎是对自己祖国的羞辱。因此，李彦宏下定决心，有一天一定要用自己手中的技术改变祖国人民的生活。1999年，李彦宏放弃了在美国稳定的工作和安逸的生活，回国创业，并在2000年1月以其所持有的"超链分析"专利为技术基础创建百度公司。公司名源于宋词中的"众里寻他千百度，蓦然回首，那人却在灯火阑珊处"。李彦宏认为，作为企业家必须具备前瞻性，能够看

---

① 《亲历改革开放 致敬伟大时代——记电子产业打开国际市场的开拓者李东生》，中国新闻网（百度百家号客户端），2019年1月1日，https://baijiahao.baidu.com/s?id=1621436834413506906&wfr=spider&for=pc。

到未来会是什么样。去创造产业而不是去挤"红海"，才是真正的企业家精神。[①] 而他创立和发展百度正是体现了这种前瞻性。

在百度刚开始创立时，李彦宏就确立了自己的目标：要做中国人自己的搜索引擎。2001 年，互联网泡沫开始破裂，许多公司纷纷倒闭，百度也遇到了非常大的挑战。然而，李彦宏不仅没有退缩，反而做出了一个大胆的决定，要挑战当时已经全球知名的谷歌搜索引擎。为了实现这一目标，他从百度 CEO 的位置上下来，担任公司一个内部项目"闪电计划"的项目经理，而这个计划的目标就是要快速提升百度中文搜索的质量，超越谷歌。在当时，人们用谷歌进行搜索时，3 秒内出不来结果都觉得很正常。李彦宏要求百度搜索必须 1 秒内出结果，公司的理念就是"用科技让复杂世界更简单"，要让人们更便捷地获取信息。

在这种对技术的极致要求下，百度在 2004 年就已成为谷歌的一大劲敌，随后发展成为全球第二大独立搜索引擎和最大的中文搜索引擎。此后，李彦宏又带领百度大举投入人工智能技术的研发，期待用技术让复杂的世界更简单，并于 2013 年在百度建设中国首个深度学习研究院，成为中国乃至全球率先推动人工智能前沿科技研究的企业家。如今，百度已经成为领先的 AI 生态型公司。最近几年，在中国人工智能专利申请和授权方面，百度始终排名第一。在云、AI、互联网融合发展的大趋势下，百度形成了移动生态、百度智能云、智能交通、智能驾驶及更多人工智能领域前沿布局的多引擎增长新格局，为我国经济

---

① 李彦宏:《真正的企业家精神在于创造》，每经网，2014 年 12 月 24 日，http://www.nbd.com.cn/articles/2014-12-24/885741.html。

的高质量发展和智慧城市的构建助力。

在壮大企业的同时，李彦宏还成立百度基金会，积极推动公益事业发展。2018 年，李彦宏被授予"改革先锋"称号，获评"海归创业报国推动科技创新的优秀代表"。

3. 马化腾："互联网 +"行动的探索者

在今天，如果在路边随便问一个人："你最常用什么方式和其他人联系？"估计 90% 以上的人都会说：微信。这不得不让我们感叹马化腾在"互联网 +"领域的探索与成就。

1993 年，马化腾从深圳大学计算机系毕业，进入深圳润迅通讯发展有限公司开始寻呼系统的研究开发工作。1995 年，他创建惠多网深圳站，名为 ponysoft。1998 年，马化腾看到国内寻呼系统与当时还在萌芽的互联网服务之间存在跨界融合的可能性，于是辞职和几个同学、朋友一起创办了腾讯，注册成立"深圳市腾讯计算机系统有限公司"。当时，人们主要使用的即时通信软件是微软发布的 msn。为了发展我国自己的即时通信软件，1999 年 2 月，腾讯公司开通即时通信服务（OICQ）。2002 年 3 月，QQ 注册用户数突破 1 亿大关。2011 年，腾讯推出微信。如今，腾讯是中国最大的互联网综合服务提供商之一，也是中国服务用户最多的互联网企业之一。

2015 年"互联网 +"这一概念被写入《政府工作报告》中："制定'互联网 +'行动计划，推动移动互联网、云计算、大数据、物联网等与现代制造业结合，促进电子商务、工业互联网和互联网金融健康发展，引导互联网企业拓展国际市场。"基于这一概念，马化腾不断探索，大力推动微信、QQ、在线支付等互联网应用，从民生政务、生活消费、生产服务、生命健康、生态环保等方面推动数字化转型升级，在实体经济和数字经济、传统行业和科技创新融合发展等方面发挥了重要作用。除了以信息技术推动经济领域的不断创新，马化腾还搭建了腾讯基金会平台，通过信息技术打造广泛参与、透明可信的公益新格局，推动全民公益的发展。正是基于这种不断探索的精神，马化腾带领腾讯从一个仅有 5 人的小企业成长为全世界最具影响力的互联网公司之一。他在 2018 年被授予"改革先锋"称号，获评"'互联网 +'行动的探索者"。

除了上面这些企业家，这一时期还有许多杰出的企业家。在这些企业家身上，敢于拼搏、冒险、创新，勇于担当社会责任等精神都有所体现。我国这一阶段的经济总量连上新台阶，综合国力大幅提升，和企业家精神的激励是分不开的。国内生产总值在 1991 年时为 2 万亿元，2001 年突破 10 万亿元大关，2002—2006 年平均每年上升 2 万亿元，2006 年超过 20 万亿元，之后每两年上升 10 万亿元，2012 年已达到 52 万亿元。同时，人均国内生产总值不断提高，成功实现从低收入国家向上中等收入国家的跨越。1992 年时人均国内生产总值仅 2311元，2003 年突破万元大关至 10542 元，2007 年突破 2 万元至 20169元，2010 年再次突破 3 万元大关至 30015 元，2012 年人均国内生产总值达到 38420 元。根据世界银行数据，我国人均国民总收入由 1978 年的 190 美元上升至 2012 年的 5680 美元，按照世界银行的划分标准，已经由低收入国家跃升至上中等收入国家。①

---

① 国家统计局：《改革开放铸辉煌 经济发展谱新篇——1978 年以来我国经济社会发展的巨大变化》，《人民日报》2013 年 11 月 6 日，第 10 版。

三、党的十八大以来：新发展理念下的企业家精神

党的十八大以来，以习近平同志为核心的党中央提出了一系列新的发展理念，对中国经济的发展提出了新的目标和要求。在新发展理念下，以增强爱国情怀、勇于开拓创新、坚持诚信守法、承担社会责任、拓宽国际视野等为主要特征的企业家精神得到了发展，其内涵不断丰富，在推动企业发展和中国经济向高质量发展中发挥着巨大作用。

（一）发展理念的转变推动着企业家精神内涵的不断丰富

这一时期企业家精神的拓展与我国经济实力的增长、发展理念的转变、政策的支持等是息息相关的。2010 年时我国制造业增加值占世界比重已经达到 19.8%，首次超过美国。2013 年这一数值超过 20%，达到 20.8%。2014 年，中国 220 多种工业品产量居世界第 1 位。从新中国成立时的"一穷二白"发展到排名世界第二的经济大国并保持长期持续的高速增长，中国所取得的巨大成就令全球瞩目。习近平总书记指出，我国经济已由高速增长阶段转向高质量发展阶段，正处在转变发展方式、优化经济结构、转换增长动力的攻关期。继续加快和深化发展方式的转变，推进我国经济持续快速健康发展，是对我国经济的科学把握与判断，也对企业家精神提出了新的要求。在此背景下，我国发展理念进一步调整，我国企业的经营理念也随之发生变化。

1. 新发展理念的提出

2015 年，习近平总书记在主持起草"十三五"规划建议时，创造

性地提出了创新、协调、绿色、开放、共享的新发展理念。新发展理念是在当今世界正经历百年未有之大变局和我国发展进入新时代的历史背景下，以习近平同志为核心的党中央全面总结国内外发展经验、深刻分析新时代我国社会主要矛盾的变化和当前我国经济发展阶段的变化，以及未来我们面临的发展机遇和挑战基础上提出的，是精准破解发展难题、塑造发展新优势、引领新发展阶段高质量发展的理论指导和实践指南。新发展理念提出后，不仅对我国经济发展提出了新的要求，也成为我国经济社会发展的重要指引。党的十九届五中全会通过的《中共中央关于制定国民经济和社会发展第十四个五年规划和二〇三五年远景目标的建议》，再次突出了新发展理念的引领作用，强调要"把新发展理念贯穿发展全过程和各领域"。在新发展理念中，创新被放在首位，是引领发展的第一动力，是建设现代化经济体系的战略支撑，也是实现高质量发展的必由路径。当然，在强调创新的重要作用时，也不能忽视五大发展理念的相互依存，相得益彰。在这五大发展理念相互统一的基础上，最终的落脚点是增进人民福祉，促进人的全面发展。

2. "大众创业、万众创新"

2014年，李克强同志在夏季达沃斯论坛的致辞中指出，进一步解放思想，进一步解放和发展社会生产力，进一步解放和增强社会活力，打破一切体制机制的障碍，让每个有创业愿望的人都拥有自主创业的空间，让创新创造的血液在全社会自由流动，让自主发展的精神在全体人民中蔚然成风。借改革创新的"东风"，在960万平方公里土地上掀起一个"大众创业""草根创业"的新浪潮。[①] 2015年的《政府工作报告》指出，要推动大众创业、万众创新。这既可以扩大就业、增加居民收入，又有利于促进社会纵向流动和公平正义。2018年9月18日，国务院下发《关于推动创新创业高质量发展打造"双创"升级版的意见》。同年，"双创"当选为年度经济类十大流行语。

3. 国企改革和混合所有制的推进

国有企业既是市场经济的重要主体，又是我国经济的重要基础。为推进国有企业的发展，2015年中共中央、国务院颁布了《关于深化国有企业改革的指导意见》，强调国有企业属于全民所有，深化国有企业改革就是要保护好、使用好、发展好国有资产，做强做优做大国有企业。随后又出台了多个相关配套文件，形成了"1+N"政策体系和四梁八柱的大的框架，成为国企改革的顶层设计方案。这些配套文件不仅在政策取向上相互配合，在实施过程中也相互促进，对于推动国有企业改革发挥了很好的引领、促进和指导作用。根据这一政策体系与改革框架，中央和地方国有企业结合实际，制定了细化的实施方案并付诸实践，推动了国有企业改革向纵深推进。在改革的过程中，国有企业以市场化原则和互利共赢为导向，主动加强与民营企业、中小企业的全方位合作，在稳定产业链中发挥了"国家队"作用。

在国企改革过程中，混合所有制改革是国企改革的重要内容之一。2012年国资委出台规定，民间投资主体可通过出资入股等形式参与国企改制重组。2013年发布的《中共中央关于全面深化改革若干重大

[①]《李克强在2014夏季达沃斯论坛开幕式发表致辞》，中国新闻网，2014年9月10日，https://www.chinanews.com/gn/2014/09-10/6578895_2.shtml。

问题的决定》提出，"积极发展混合所有制经济"。国有资本、集体资本、非公有资本等交叉持股、相互融合的混合所有制经济，是基本经济制度的重要实现形式，有利于国有资本放大功能、保值增值、提高竞争力，有利于各种所有制资本取长补短、相互促进、共同发展。国家允许更多国有经济和其他所有制经济发展成为混合所有制经济。国有资本投资项目允许非国有资本参股。允许混合所有制经济实行企业员工持股，形成资本所有者和劳动者利益共同体。党的十九大报告强调，要完善各类国有资产管理体制，改革国有资本授权经营体制，加快国有经济布局优化、结构调整、战略性重组，促进国有资产保值增值，推动国有资本做强做优做大，有效防止国有资产流失。深化国有企业改革，发展混合所有制经济，培育具有全球竞争力的世界一流企业。这是在新的历史起点上，以习近平同志为核心的党中央对国有企业改革作出的重大部署，为新时代国有企业改革指明了方向、提供了根本遵循。

在这些政策和理念的共同作用下，企业家精神的内涵不断得到丰富。首先，极具创新意识，重视原创技术研发投入与基础创新。在我国转变发展方式的时期，原有的投资驱动方式逐渐转向创新驱动为特征的高质量与可持续发展模式，创新必然成为企业家精神的重要特征。其次，具有更广阔的国际视野。在中国日益融入全球化的背景下，我们的企业不仅要参与国内竞争，更要在国际竞争中逐渐占据优势，真正做大做强。最后，坚持诚信守法、爱国敬业、承担社会责任。诚信守法是企业发展的基本要求。爱国敬业展现企业家必须具备的责任感和使命感。承担社会责任展现企业家必须具备的担当意识。

（二）新时代企业家精神推动着我国经济社会的全面发展

在这一阶段，我国国有企业和民营企业都获得了巨大发展，也涌现出许多优秀的企业家。我们可以看到在高科技领域不断创新的任正非、主持研制"复兴号"高速列车的孙永才，等等。不论是新出现的企业家，还是在这一阶段获得更大发展的企业家，在他们身上，爱国、创新、诚信、承担社会责任、拥有国际视野等精神品质都有着鲜明的体现。

华为创始人任正非说："时代在呼唤我们，祖国的责任、人类的命运要靠我们去承担，我们处在这个伟大的时代，为什么不用自己的青春去创造奇迹？"正是在其面向国际的创新精神和社会责任感的推动下，华为不断发展，获得了极大的成功。任正非的创业故事激励着无数企业家搏杀奋斗。

在企业家精神的推动下，我国企业获得了良好的发展。仅在2017年至2019年间，全国国资系统监管企业进入世界500强的从67家增加到80家，营业总收入、利润总额分别增长17.3%、20.6%，营业收入利润率提高0.4个百分点，达到了5.9%，累计上交税费10.9万亿元。中央企业还通过产业链、供应链的合作，与广大的民营企业、中小企业协调发展，投资入股超过6000家的非公企业，投资总额超过4000亿元，形成了一批高精尖的"隐形冠军"和各领域的龙头企业。

民营企业在整体实力、创新能力、投资水平以及社会贡献等方面也取得了不俗的成绩。全国工商联于2023年9月12日发布的《2023中国民营企业500强调研分析报告》显示，2023年，民营企业500强入围门槛为275.78亿元，较上年增加12.11亿元。其中，营业收入总额超过 1000 亿元（含）的企业有 95 家。在民营企业 500 强中，433 家已推进厂务公开和民主管理，452 家已形成讲法治、讲规则、讲诚信的企业法治文化，455 家已建立健全法律风险控制体系和预警防范机制。在提高企业经营业绩的同时，民营企业积极回馈社会，通过加快生产设备升级、淘汰污染程度高的落后设备和产能、提高清洁能源在企业生产中的比重等，为绿色发展贡献一己之力。

企业的发展和企业家精神的弘扬使中国经济实力稳步提升。如今，我国不仅经济总量突破 120 万亿元大关，而且创新动能持续提升，区域经济走向协调发展，环境治理取得明显成效，民生福祉不断增强。

第三章
企业家精神的内涵

　　随着时代的发展和经济环境的变化，企业家精神的内涵不断丰富和发展。2020 年 7 月 21 日，习近平总书记在企业家座谈会上指出，企业家"要在爱国、创新、诚信、社会责任和国际视野等方面不断提升自己，努力成为新时代构建新发展格局、建设现代化经济体系、推动高质量发展的生力军"。这既是对企业家的希望，也是对新时代企业家精神内涵的概括。

第一节　增强爱国情怀

企业营销无国界，但企业家有祖国。作为优秀的企业家，必须对国家、对民族怀有崇高的使命感和强烈的责任感，要把企业的发展同国家繁荣、民族兴盛和人民幸福紧密结合在一起，主动为国担当、为国分忧。

一、爱国是我国企业家精神的传承

"苟利国家生死以""位卑未敢忘忧国"……这些表达人们对祖国的热爱和忠诚的诗句，展示出强烈的爱国情怀和责任感、使命感，我国优秀企业家自近代以来一直在努力付诸实践。正如习近平总书记所指出的，爱国是近代以来我国优秀企业家的光荣传统。从清末民初的张謇，到抗战时期的卢作孚、陈嘉庚，再到新中国成立后的荣毅仁、王光英，等等，他们都是爱国企业家的典范。

从洋务运动起将师夷长技以自强付诸实践、辛亥革命后实业救国，到新中国成立以后开始制定五年计划、改革开放基本国策确立，再到如今"一带一路"倡议开花结果，中国企业家一直遵循一条价值主线，这就是振兴中华，实现中华民族伟大复兴的中国梦。①

（一）张謇：主张"实业与教育迭相为用"的爱国企业家

张謇是近代爱国企业家的典范之一。他在1894年高中状元后被授予翰林院修撰之职。1895年《马关条约》的签订使张謇异常愤慨，他在日记中写道："几罄中国之膏血，国体之得失无论矣！"落后就要挨打的现实让张謇改变了自己的人生轨迹，走上实业救国之路。

张謇认为只有发展民族工业才能抵制帝国主义的侵略，而士大夫在这方面有不容推卸的责任。于是，他开始了"实业救国"的实践。在湖广总督张之洞的委派下，张謇于1895年创办大生纱厂。1899年4月14日，大生纱厂正式开工。厂名"大生"是源自《易经》中的"天地之大德曰生"，表明办纱厂是为了给普通老百姓提供生计，让他们能有饭吃，有衣穿，只有如此才能谋划将来。这也是张謇办企业、兴实业的根本出发点。纱厂在开工一年后就获得2.6万两白银的净利润。到1922年资本已经达到900万两白银，有纱锭15.5万枚，占全国民族资本纱锭总数的7%。除了纺织业，张謇的大生集团还积极涉足其他轻工业，到20世纪20年代初，大生集团已包括69家各类企业，是当时中国最大的民族资本集团，张謇也成为影响中国政局的工商界巨擘。

在发展实业的同时，张謇大力发展教育事业，形成"实业与教育迭相为用"的思想体系。1902年，张謇用自己在大生纱厂历年积累未

---

① 毛一翔：《企业家需要有爱国情怀》，广东省国有资本研究会，转自"红旗文稿"微信公众号，http://www.gdasc.cn/news_2074.shtml。

支取的薪俸 2 万多两白银，加上募集来的资金，创办了我国近代第一所独立设置的私立师范学校——通州师范学校。1905 年，张謇与马相伯创办了复旦公学（复旦大学的前身）。1907 年创办了农业学校和女子师范学校。1909 年创建了通海五属公立中学（即如今的南通中学），创办了邮传部上海高等实业学堂船政科（上海海事大学前身）。1912 年创办了江苏省立水产学校（上海海洋大学前身）和河海工程专门学校（河海大学前身），等等。据统计，他一生在南通教育上的投资为 257 万两白银，到 1924 年，他在南通地区共创办小学 370 余所、中等学校 6 所、高等学校 3 所，初步形成了以基础教育和农、工、商、科技为中心，包括学前、初等、中等和高等教育在内的较为完整的近代教育体系。从张謇的经历中可以看出，他是近代以来受中华传统文化教育熏陶，以爱国主义为立身之本、以创新改革为兴业之基、以服务桑梓为入世之荣的爱国企业家典范。①

　　正是基于张謇所做出的贡献及其体现的爱国精神，毛泽东同志在谈到中国民族工业的发展时曾提到中国实业界有四个人不能忘记，其中之一就是张謇。习近平总书记 2020 年 11 月 12—13 日在江苏考察时强调，在当时内忧外患的形势下，作为中华文化熏陶出来的知识分子，张謇意识到落后必然挨打、实业才能救国，积极引进先进技术和经营理念，提倡实干兴邦，起而行之，兴办了一系列实业、教育、医疗、社会公益事业，帮助群众，造福乡梓，是我国民族企业家的楷模。②

①　何聪：《实业报国 实干兴邦》，《人民日报》2020 年 12 月 2 日，第 5 版。
②　《习近平在江苏考察时强调：贯彻新发展理念构建新发展格局 推动经济社会高质量发展可持续发展》，《人民日报》2020 年 11 月 15 日，第 1 版。

（二）卢作孚：组织"宜昌大撤退"的"中国船王"

被誉为"中国船王""北碚之父"的民生公司创始人卢作孚也是近代爱国企业家的典范之一。1925 年，卢作孚创办民生航运公司，他制定的宗旨是"服务社会，便利人群，开发产业，富强国家"。这一宗旨表明，其创办公司是为了中国独立自主的民族航运事业和国家的繁荣富强。经过不懈的努力，他统一了长江上游航运，将曾经不可一世的外国轮船公司逐出了长江上游，使民生公司"崛起于长江，争雄于列强"。

卢作孚不仅为中国船运事业的发展做出了巨大贡献，更是为中国抗战贡献着自己的力量。1938 年秋宜昌沦陷前夕，日军已开始对宜昌展开疯狂轰炸，10 万吨军工民用企业的重要机器设备和 3 万多名工人、难民需要从宜昌转移到重庆。按当时民生公司的运力，将这些物资和人员进行转移需要一年的时间，但此时距长江进入枯水期只剩 40 天左右。要在 40 天内完成正常情况下需要一年时间的物资和人员转移，这无疑是一个巨大的难题，是一场与时间赛跑的抢运。面对这种状况，卢作孚领导民生公司，以极大的魄力组织"宜昌大撤退"，经过 40 天的奋战，将物资和人员转移入川，为保存当时中国的政治实体、经济命脉以及教育文化事业做出了巨大贡献和牺牲，这一事件被誉为中国版的"敦刻尔克大撤退"。在抢运中，16 艘公司船只被炸沉炸毁，69 艘被炸伤，117 名员工壮烈牺牲，76 名员工伤残。如今，在位于宜昌的大撤退纪念园的主体雕塑上，我们还能看到这样的纪念铭文："发生在中国人民抗日战争中的宜昌大撤退，是一部民族救亡的悲壮史诗和英雄乐章……民族实业家、民生公司总经理卢作孚临危受命交通部

次长兼疏运总指挥，以超凡勇智，赴宜督导……将民族工业精华近 10
万吨物资设备，3 万人员如期成功转移，演绎了中国大内迁最壮观的
一幕。"

在整个抗战期间，民生公司的船只运送出川的军队共计 270.5 万
人，武器弹药等 30 多万吨。由于民生航运公司在抗战中伤亡近 200
人，被炸沉炸伤轮船近百艘，又低价甚至免费运送学生、难童、军人，
以致公司严重亏损。对此，著名教育家黄炎培在 1942 年 4 月 8 日民生
航运公司的股东大会上写下了这样的话："公司亏本对不起股东，对不
起职工，为抗战而亏本，公司对得起国家，即股东对得起国家。没有
国家，哪有公司，中华复兴之日，就是公司复兴之日！"

（三）荣毅仁：推动新中国工业振兴

新中国成立后，我国企业家传承了先辈的爱国精神，在社会主义
建设中增强爱国情怀，将企业的发展与中国经济的发展和社会的进步
紧密联系起来。中国国际信托投资公司创始人荣毅仁就是这样的企
业家。

荣毅仁 20 多岁就开始辅佐父亲经营庞大的家族企业。新中国成立
前夕，荣毅仁没有离开大陆，而是留了下来。他坚决拥护中国共产党
的领导，并为中国的各项事业贡献自己的力量。抗美援朝战争爆发后，
他捐献七架半飞机和大量衣物。1954 年 5 月，他积极响应政府号召，
对申新纺织公司等荣氏企业实行公私合营，在我国对资本主义工商业
进行社会主义改造的过程中发挥带头作用，为新中国的工业振兴做出
了重要贡献，被称为"红色资本家"。

1979 年 10 月，荣毅仁创立了中国国际信托投资公司，强调"公司坚持社会主义原则，按照经济规律办事，实行现代化的科学经营管理"。在公司经营过程中，他勇于创新，将发达国家的经验与中国实际相结合，将中信公司建成一个综合性跨国企业集团，为社会主义现代化建设做出了卓越的贡献。1984 年 10 月，邓小平同志在参加中信公司举办的"中外经济合作问题讨论会"时指出，"为了便于广泛接触，中国国际信托投资公司可以作为中国在实行对外开放中的一个窗口"。1986 年 6 月，邓小平同志在接见荣氏亲属回国观光团时说，"你们荣家在发展民族工业上是有功的，对中华民族做出了贡献。民族工业的发展是推动历史前进的"[①]。

（四）王光英：为新中国民族工业引进大量资金和关键技术

王光英是秉承"实业救国"理念的中国现代民族工商业者的优秀代表之一。在抗日战争时期，他兴办民族工业，以低廉的价格为解放军提供大量军用物资和医疗用品。新中国成立后，王光英带头对天津近代化学厂进行公私合营，为天津市资本主义工商业的社会主义改造起到了表率和促进作用。改革开放后，他受国家委托，弃"官"从商，在中国香港地区创办光大实业公司。作为改革开放后第一个总部设在香港的中资企业掌舵者，他制定了"扎根香港，背靠祖国，面向世界，实事求是，讲求实效"的经营方针，联系引进了大量资金和关键技术，用中外合资方式完成了广东磨刀门工程、围海造田工程、江门桥工程等大型建设项目。据统计，1983—1989 年间，王光英带领光大人累计

---

① 《荣德生荣毅仁：从一个侧面映现新中国的编年史（下）》，《议政》2009 年第 5 期。

为内地的轻纺、化工、机电、电子、交通运输等工业部门的上千家大中型企业引进了总值约 11 亿美元的先进技术和设备，为改革开放和社会主义现代化建设，为香港的繁荣稳定做出了重要贡献。

改革开放后，在国家各项政策的推动下，我国涌现出了大批的企业家。在这些企业家身上，我们看到了一以贯之的爱国情怀，他们以推动中国经济发展为己任，为中华民族的伟大复兴添砖加瓦。在企业家精神中，"爱国精神是魂，爱国精神真正能够让企业家感觉他既有抱负，又有创造，更有施展，同时也是得到社会和历史承认的焦点所在"[1]。

二、企业营销无国界，企业家有祖国

在全球化的时代，进行跨国经营已经成为企业发展的必然。单纯囿于国内的发展不仅会限制企业获取最优的资源，提高企业的经营成本，也会使我国经济的总体发展受限。

在企业不断扩大跨国经营的过程中，也有人会质疑，企业家是不是还具有民族性。诚然，在经济全球化的时代，跨国公司的经营活动已经是全球性或国际性的，但是，其根基仍然在它们的国家，而且，跨国公司的发展和壮大与祖国的国内和国际政策是分不开的，跨国企业在国际市场上获取优势地位也与国家的支持息息相关。因此，从根本上来说，跨国企业的发展需要民族国家的存在。从另一方面讲，尽管跨国企业经营的主要目的是通过全球的资源配置扩大企业的实力，

---

[1]《激发市场主体活力 弘扬企业家精神——解读习近平总书记在企业家座谈会上的重要讲话》，央广网，2020 年 7 月 24 日，http://china.cnr.cn/yaowen/20200724/t20200724_525179278.shtml。

但不可否认的是，它同时也是其所属国家的一个经济单位，因此它的活动不仅体现企业自身的利益，也会反映出所属国家的经济属性。

而对于我国社会主义制度下的企业来说，与资本主义国家企业单纯强调股东价值和公司利益不同，在追求企业经济利益的同时，我国的企业必然体现社会主义制度下企业的特性，为国分忧、勇于担当，把企业的发展和国家与民族的命运联系在一起。正如习近平总书记所说，企业营销无国界，企业家有祖国。这也表明，国家是广大企业家最坚强的后盾，广大企业家也是国家发展的带头人。对于这一点，富有爱国情怀的企业家纷纷表示赞同。

在企业家座谈会后，六位浙商于 2020 年 7 月 22 日发出倡议书，倡议浙商群体秉持爱国情怀，永远听党话跟党走，把实业兴国、产业报国作为座右铭，把个人的成长、企业的发展与国家的富强、民族的振兴、人民的幸福紧密联系在一起，做高素质有担当的"品质浙商"。

优秀企业家必须对国家、对民族怀有崇高使命感和强烈责任感，把企业发展同国家繁荣、民族兴盛、人民幸福紧密结合在一起，主动为国担当、为国分忧。既然企业家有祖国，企业家必须增强爱国情怀，那么，这种爱国情怀的实现形式是什么呢？习近平总书记在企业家座谈会上的讲话给出了答案："企业家爱国有多种实现形式，但首先是办好一流企业，带领企业奋力拼搏、力争一流，实现质量更好、效益更高、竞争力更强、影响力更大的发展。"[1]

正是在爱国情怀的感召下，中国企业家积极致力于企业发展，力争把企业做大做强。改革开放后，一批高级知识分子纷纷下海创办企

① 习近平：《在企业家座谈会上的讲话》，《人民日报》2020 年 7 月 22 日，第 2 版。

业，其目的并不单纯是挣钱，更是因为他们看到，他们所拥有的知识在市场上获得成功，将很大程度上影响国家和民族的未来命运。他们身上所体现的，最根本的还是士大夫精神，还是家国情怀。[①]

第二节　勇于开拓创新

从国内外企业发展的经验来看，企业家的创新活动是推动企业发展的关键。实际上，创新不仅对企业至关重要，也是推动国家总体经济发展的重要因素，是引领发展的第一动力。改革开放以来，我国经济发展取得举世瞩目的成就，同广大企业家大力弘扬创新精神是分不开的。

一、企业家精神的核心是创新

在阐释企业家和企业家精神的含义时，我们已经看到，"企业家"这一名词最初就指向了冒险、创新。德鲁克在其《创新与企业家精神》一书中提出企业家精神最主要的部分就是创新。而熊彼特则认为，创新是推动社会经济发展的巨大动力，创新的动力主要来源于企业家精神。如果没有创新，经济生活就会达到一种静态均衡，利润和利息将会消失，财富的积累就会停止，而通过创新寻求利润的企业家将劳动

---

① 张桂平、张杰、林锋:《中国企业家精神录》，光明日报出版社 2018 年版，第 217 页。

力、土地转移到投资中，从而打破这种静态均衡，使其转换成动态的经济发展过程。[①]

（一）创新是国内外优秀企业家的共同追求

对于企业家来说，要使企业在激烈的竞争中脱颖而出，必须勇于开拓创新，这也是古今中外优秀企业家的共同追求。

被授予中国改革友谊奖章、获评"国际知名企业参与我国改革开放的先行者"的松下电器创始人松下幸之助，在创办和经营企业的过程中就很好地诠释了创新精神的重要作用。1917 年松下幸之助用 100 日元的积蓄在 4 个助手的帮助下开启了他的创业史，支撑他的正是创新冒险的精神。面对最初创业的各种艰辛，他努力坚持并专注创新，对电池式车灯进行改良，终于在 1923 年发明了炮弹型电池式自行车灯，使企业大获成功。他认为，"制造商的使命应该是战胜贫穷，把整个社会从悲惨状况中解救出来，并为它创造财富"。他以自来水为例说明企业家所应实现的目标。他说，水是一项重要产品，生产和销售成本都很低，因此几乎每个人都用得起。这就是企业家和制造商应该追求的目标：让所有的产品都像自来水那样用之不竭，那样便宜。这一目标实现之时，也就是贫穷从地球上消失之日。

松下幸之助不仅在产品上勇于创新，还一直探寻管理方式的创新。他创立的"终身雇佣制""年功序列制"等管理制度，让员工在企业工作中找到了归属感，使其愿意为公司的发展而奋斗，以更加具有人情

① 盘和林：《"企业家精神"是振兴实体经济的核心"新要素"》，《南方都市报》2017 年 7 月 15 日，第 A19 版。

078

味的管理方式代替了以往机械式的管理方式，将员工自身的发展与企业的发展联系起来，给了员工保障和发展的机会。正如松下幸之助在1918年所提出的："松下员工在达到预定的退休年龄之前，不用担心失业。企业也绝不会解雇任何一个'松下人'"[1]。他所创立的管理制度也被其他企业所接受，成为日本企业制度的一大特色。

（二）我国优秀的企业家一直致力于开拓创新

在我国，追求卓越、勇于开拓创新一直是优秀企业家所努力的目标。在近代，我们可以看到范旭东、张謇等人为了发展中国的民族工业，大胆创新，以改变中国工业落后于西方的现实。前文中我们已经讲述了张謇创业的故事，在此我们可以再看一下近代爱国企业家范旭东通过不断创新打破西方列强垄断的事迹。

20世纪初，面对面、布、盐、煤油、火柴等产品几乎全部由西方企业所控制的局面，范旭东从日本京都帝国大学理学院应用化学系毕业后随即回国，立志于复兴中国的盐业。1915年，他在天津创办久大精盐公司。1917年，久大精盐销售1万担，1936年达到50万担左右。在精盐上取得突破后，为打破外国公司对国内纯碱市场的垄断，他创办永利制碱公司，在西方列强对我国实行专利技术和生产设备封锁的不利情况下，1924年8月产出了第一批碱制品。此后，他进一步改进产品质量，1926年6月29日，生产出纯净洁白的合格碱，并取名永利纯碱，以区别于"洋碱"。1926年8月，永利纯碱在美国费城的万国博览会获金奖，专家给出了"这是中国工业进步的象征"这样的评

---

① 韩小溪：《浅谈日本企业管理"三大神器"之年功序列制》，《财讯》2017年第7期。

语。1937 年 2 月 5 日，他创办的永利铔厂出产了中国人自己生产的第一批硫酸铔化肥，这是中国化肥工业史上崭新的一页。范旭东以勇于创新的精神取得了巨大的成就，被毛泽东同志称赞为中国人民不可忘记的四大实业家之一。

新中国成立后，尤其是改革开放以来，我国企业家充分发扬了开拓创新精神，面对激烈的市场经济竞争，带领企业坚持自主创新，不断进行技术开发和研究，打造世界级品牌，使企业不断做大做强。

二、企业家创新精神是推动我国经济发展的重要因素

2014 年 7 月 8 日，习近平总书记给福建企业家的回信，在福建甚至全国的企业界引发了巨大反响。"30 年前，福建 55 位企业负责人大胆发出给企业'松绑'放权的呼吁，很快在全国上下形成共识，成就了经济体制改革的一段佳话，我对此印象犹深。……当前，各级政府正在加快转变职能、大力简政放权，目的之一就是让市场更好发力，让企业创新创造源泉更加充分涌流，这是又一次重要的'松绑'放权，也是企业家更好发挥智慧力量的历史新机遇。希望你们和广大企业家一道，深刻领会、深入贯彻党的十八届三中全会精神，继续发扬'敢为天下先、爱拼才会赢'的闯劲，进一步解放思想，改革创新，敢于担当，勇于作为，不断做大做强，促进联合发展，实现互利共赢，为国家经济社会持续健康发展发挥更大作用。"[1]

---

[1] 《习近平总书记给福建企业家回信》，《福建日报》2014 年 7 月 21 日，第 1 版。

习近平总书记回信中所强调的"敢为天下先、爱拼才会赢"的闯劲，以及"进一步解放思想，改革创新"都表明了，在国家为企业家的发展创造更良好环境时，企业家必须发挥勇于创新的精神，使企业的发展跟上时代的潮流。

（一）勇于创新的企业家层出不穷

在改革开放的发展进程中，我国涌现出了许多勇于创新的企业家，以敢为人先的精神推动着企业的变革和社会主义经济体制改革的进程。如"城市集体企业改革的先行者"步鑫生、"中外合作'平朔模式'的创造者"陈日新、"以创新为核心竞争力，为祖国百年科技振兴而奋斗"的任正非，等等。正是因为有着一代代的勇于创新的优秀企业家，我国的改革开放事业才能稳步推进。中国企业从落后、跟跑，发展到并跑乃至超越，在一系列重大工程、重大项目上屡屡取得创新和突破，充分体现出企业家的创新精神和能力。

1. 步鑫生："城市集体企业改革的先行者"

谈到改革开放，步鑫生是一定绕不过去的名字。1980 年，步鑫生出任浙江省海盐衬衫厂厂长。衬衫工艺是典型的流水线作业，从布料到衬衫要经过 45 道工序，但在当时的大锅饭制度下，干多干少一个样，职工无病装病、小病大养的情况很突出，严重影响了企业生产效率。步鑫生上任后大胆改革：率先打破大锅饭制度，在车间实行"联产计酬制"，根据实际产量计算工资，上不封顶、下不保底；改革"铁饭碗"用工制度，请病假每天只发 4 毛钱的生活费，对工作表现好的可以给予额外补助，而严重影响生产秩序、屡教不改的则予以辞退；

紧抓产品质量，提出"谁砸我的牌子，我砸谁的饭碗"口号；通过召开订货会等拓宽产品销售渠道；在上海等大城市做广告来打响企业品牌；等等。他的改革举措受到了各方面的关注，被媒体称为"剪开企业改革帷幕"。

在这些举措下，企业面貌发生了巨大变化，1982 年，海盐衬衫总厂以年产 85 万件衬衫的能力步入著名衬衫厂行列。1983 年，又一举成为海盐县第一家产值超千万元的企业和全省服装行业重点企业之一。2008 年 7 月，在改革开放 30 周年之际，步鑫生被授予"中国企业改革纪念章"。他在回忆往事时说："改革道路总是崎岖曲折，甚至充满风险，但总要有人走在前面，是时代选择了我。那是一段永不磨灭的过去，中国现在和将来的改革之路也永不会停止。"① 2018 年改革开放 40 周年时步鑫生被授予"改革先锋"称号，获评"城市集体企业改革的先行者"。

2. 陈日新：中外合作"平朔模式"的创造者

1978 年，国家煤炭部经勘探发现，山西雁北地区的平鲁县、朔县一带有可以开采的煤层。此后，国家决定中外合作开发平朔安太堡露天煤矿。1981 年 10 月，当时担任煤炭部部长的高杨文找时任山西煤管局副局长的陈日新谈话，委托他负责组织筹建平朔安太堡露天煤矿项目，高杨文讲明了建设煤矿的困难和风险，指出平朔安太堡露天煤矿是我国重要的中外合作项目，也是改革开放的"试验田"，让他好好考虑再决定。陈日新没有任何犹豫，当即答复："我愿意到平朔去！"

---

① 赵明月：《城市集体企业改革的先行者步鑫生》，《国资报告》2019 年第 1 期。

1982年1月24日，陈日新率领15名筹备处员工奔赴工地，开始了筹备工作。在当时，中外合作大型企业是一个新生事物，面临着资金短缺、人才技术匮乏、传统观念阻挠等诸多困难。陈日新抱着"只许成功，不许失败"的信念，带领队伍积极推进安太堡露天煤矿的建设。1985年7月1日，安太堡露天煤矿正式开工建设，1987年9月10日举行投产典礼。这座现代化露天煤矿从动工兴建到竣工投产，只用了短短26个月，仅仅相当于当时我国百万吨煤矿建设周期的1/4。

任平朔煤炭工业公司党委书记、总经理期间，陈日新一直秉持勇于创新的精神，在实践中建立和完善了一系列企业制度，推进企业发展。在企业管理上，他率先引入市场机制，实行了原煤生产、生产辅助及后勤服务"三条线"管理，按照双方签订的合作合同组织生产，按双方出资比例分成。在组织生产上，坚持精干、先进、高效原则，建立起计算控制计划系统、无线电通信系统和信息处理系统。在用工上，采取固定用工和招聘用工等多种形式并存、精干高效的用工体制。这一整套管理机制，共同形成了高效率、高科技、高效益、快节奏"三高一快"的平朔模式，为我国探索实践煤矿建设现代化之路提供了宝贵经验。2018年12月18日，陈日新被授予"改革先锋"称号，获评"中外合作'平朔模式'的创造者"。

3. 任正非：以创新为核心竞争力，为祖国百年科技振兴而奋斗

华为创始人任正非说过，"创新虽然很难，但它是唯一的生存之路，是成功的必经之路"。他也践行着这一理念。自华为创立以来，他始终将创新视为公司发展的最重要因素之一，通过不断开发与整合新

资源推动企业的不断发展。

1987 年，43 岁的任正非筹集 21000 元创立华为公司。公司在成立之初，只是一家生产用户交换机（PBX）的香港公司的销售代理；但在成立的第 3 年，它便开始自主研发用户交换机。1991 年 9 月，华为租下了深圳宝安县蚝业村工业大厦三楼作为研制程控交换机的场所，50 多名年轻员工跟随任正非来到这栋破旧的厂房中，开始了他们充满艰险和未知的创业之路。他们把整层楼分隔为单板、电源、总测、准备四个工段，外加库房和厨房。在机器的高温下，这些年轻员工挥汗如雨夜以继日地作业，设计制作电路板、话务台，焊接电路板，编写软件，调试、修改、再调试。任正非几乎每天都到现场检查生产及开发进度，开会研究面临的困难，分工协调解决各式各样的问题。1993 年，任正非在自研技术动员大会上对全体员工说，"这次研发如果失败了，我只有从楼上跳下去，你们还可以另谋出路"。在这种巨大的决心下，华为在 20 世纪 90 年代相继自主研发出面向酒店与小企业的 PBX 技术、农村数字交换解决方案、C＆C08 数字程控交换机、综合业务接入网及光网络 SDH 设备等创新成果，这为其成为世界级的高新技术企业奠定了坚实的基础。

21 世纪以来，华为更是以创新作为企业的核心战略，不仅在产品设计方面推陈出新，还相继开拓了中国香港地区、俄罗斯、印度、美国及中东、非洲、东南亚、欧洲等新市场。[1] 2009 年起，华为正式启动 5G 领域研究。在那时，手机还是诺基亚称雄，国际电信联盟公布 3G 通信标准刚刚一年，3G 用户和应用寥寥无几，而华为却提前布局

① 周建波：《弘扬企业家创新精神》，《国企管理》2018 年第 5 期。

5G。正是这种超前布局，让华为在5G领域成功屹立全球第一。

为了推进技术创新，从1992年开始，华为就坚持将每年销售收入的10%以上投入技术研发。华为的创新不仅体现在技术方面，还体现在管理和营销等许多方面。在管理方面，华为的全部股份由员工持有，其员工持股计划由工会来实行。作为企业的创始人，任正非在公司中占的股份微乎其微，只有1%左右。通过这项全员持股制度，员工的利益与企业的利益实现了高度的一致，企业运转效率因此大为提高。在营销模式上，华为改变了以前的代理模式，转向直销模式，更贴近客户，从而也能更迅速、直接地了解客户的需求变化。

在2016年5月30日的全国科技创新大会上，任正非代表华为做了"以创新为核心竞争力，为祖国百年科技振兴而奋斗"的发言。从华为的发展我们可以看到，正是在任正非这种勇于创新的精神引领下，华为才取得了非凡的成就。2020年，在美国将华为列入"实体名单"，连同部分国家围追堵截华为5G、打击华为各项业务的情况下，华为全年销售收入仍达到8914亿元，净利润为646亿元。新冠疫情期间，华为助力全球170多个国家和地区的1500张运营商网络稳定运行，为人们在疫情防控期间在线办公、在线教育和在线购买生活物资提供了坚实的保障。

（二）勇于开拓创新是企业家精神的精髓

进入新时代，勇于开拓创新已成为新时代企业家精神的精髓，是推动企业不断发展壮大、不断实现超越的动力和引擎。尤其是在当今日益复杂的国际环境下，只有不断创新，才能成就世界一流企业。创新凝聚着企业管理者的智慧与心血，是企业取得突破性发展、赶超竞争者的关键要素，而企业家是新时代发展创新型经济、建设制造业强国的中坚力量。作为新时代的企业家，不能安于现状，必须敢于打破常规，要有超出常人的智慧和能力，特别是在技术创新方面，要通过自主研发加速推动各领域核心技术突破，努力解决"卡脖子"问题，将核心技术牢牢掌握在自己手中，拥有并增强核心竞争力，在市场上占据主导地位。[①]

我们之所以强调企业家的创新精神，是因为创新不仅能带动企业自身的发展，使企业在市场竞争中占据优势，更重要的是，企业家的创新精神能带动整个产业的发展和经济制度的不断优化。彼得·德鲁克在对美国经济进行考察后就指出，20 世纪 70 年代中期以来，美国经济出现的持续增长是因为美国的经济体系发生了深刻的变化，从"管理型"经济彻底转向了"企业家"经济。[②]

从技术创新来看，企业家精神是推动技术创新的重要力量。在日益激烈的市场竞争环境下，企业家为了企业的发展，必须勇于创新，不断突破现有的技术，只有这样才能占领市场制高点。而新技术的出现，又会激励企业家去进行更新的突破。

从产业发展来看，企业家对技术创新的追求是新兴产业形成的根本推动力，也是推动产业持续发展的原动力。纵观世界产业发展史，我们可以看到，几乎每一个新产业的出现，都是技术创新的结果。如

① 黄锟：《企业家精神的时代内涵和本质要求》，《河南日报》2020 年 7 月 29 日，第 6 版。
② ［美］彼得·德鲁克：《创新与企业家精神》，蔡文燕译，机械工业出版社 2020 年版，第 1—2 页。

20 世纪 90 年代信息技术的发展推动了信息产业的兴起。反过来，产业发展又为技术创新营造了更有利的环境和条件，从而推动着新技术的出现。技术创新与产业协同演化的实质，就是企业和个体学习的结果，是有着不同知识和能力的相关市场主体竞争与合作的结果，不仅改变了产品和流程，而且改变了行为主体及对其产生影响的制度。[①]

从制度的优化来看，企业家精神的发挥必然在一定的制度环境下进行。而创新精神不仅是对技术的创新，更是对企业家所处制度环境的创新。促进现有经济制度中不合理或不符合经济发展趋势的方面改革与创新，正是企业家创新精神的重要作用之一。

三、企业家要做创新发展的探索者、组织者、引领者

随着我国经济总量的日益增长，我国经济大国、制造大国的地位已无可撼动。但从总体上看，我国企业目前的总体技术水平与创新能力与发达国家的企业尚存在不小的差距，尤其是在一些关键技术、核心技术上，还存在受制于人的情况，有一些成套设备，重要零部件、元器件、关键材料依靠进口，这成为我国发展的障碍。

在当今世界正经历百年未有之大变局之际，部分西方国家为维护其霸权地位，频频挑起贸易争端，限制中国高科技领域的发展。尤其是 2020 年的新冠疫情全球大流行，使世界各国经济受到严重影响，保护主义、单边主义等逆全球化现象日益凸显。在这一背景下，我国受到了越来越多的打压与限制。这种情况一方面反映出我国经济的发展

---

① 赵晓奔：《发挥企业家精神的"催化剂"作用》，《经济日报》2018 年 11 月 15 日，第 13 版。

已达到一定程度，为遏制中国，一些西方国家不惜扯下自己所标榜的"自由主义"外衣，采取赤裸裸的打压政策；另一方面反映出我国在许多领域还需要大力发展，尤其是在高科技领域，在很大程度上还受国际环境的影响。

要使我国真正由制造大国转变为制造强国，打造更多的世界级品牌，就需要大力提升自主创新能力，这既是提升我国企业国际地位的关键，也是促进我国经济高质量发展的关键。要实现这一点，必须发挥企业在技术创新中的主体作用，发挥企业家在技术创新中的组织和引领作用。可以说，国内外环境的变化对勇于创新的企业家提出了紧迫的要求，但同时也为企业家提供了机会。我国政府在 2014 年提出的"大众创业、万众创新"，最突出的特点就是鼓励创业进而达到创造新产品、开辟新产业的目的，通过加强创新使中国企业成为真正的领跑者。在这一大环境下，企业家绝不能满足已有的成就，必须以舍我其谁的精神挺身而出，做创新发展的探索者、组织者、引领者，勇于推动生产组织创新、技术创新、市场创新、管理创新，重视对技术的研发和人力资本的投入，有效调动员工创造力，努力把企业打造成强大的创新主体。

首先，企业家要做创新发展的探索者。熊彼特曾将创新视为生产要素的新组合，而要实现这种新组合，必须突破既有的模式。这就要求企业家不能限于经验，而必须敢于探索，勇于承担风险，只有这样才能实现创新发展。

其次，企业家要做创新发展的组织者。创新的实现需要许多方面的协同努力，企业家必须发挥组织作用，使影响和促进创新的因素能够协同发挥作用。从创新设想开始，到创新项目可行性评估，再到创新项目决策以及创新项目的最终实施，其中的每一个环节都离不开企业家的有力组织。企业家作为企业的领导者，还要考虑到能促进企业创新的外部资源，如科研机构和高校等是否对相关领域有研究或突破，并将这些资源进行整合与统筹，从而推动企业创新发展。

最后，企业家要做创新发展的引领者。企业家是一个企业的灵魂，也是企业实现创新发展的引领者。国内外许多研究早已证明：在企业创新中企业家起着决定性的作用，企业的创新之路离不开企业家的引领。这种引领主要表现为：企业家需引领企业打造激励创新的企业文化，让创新融入员工的日常行为，充分激发和调动员工的创造力，为企业发展注入创新基因；企业家需引领企业制定创新战略，谋划好企业未来的创新路径，为企业的创新发展引领方向。[①]

第三节　坚持诚信守法

人无信不立，业无信不兴。诚信是每个人的立身之本，对于企业和企业家来说更是如此。一个企业要长久经营下去并日益发展，诚信守法是其必须遵守的基本准则。

---

① 杨东德：《大力弘扬和培育企业家创新精神》，《经济日报》2020 年 11 月 3 日，第 11 版。

一、诚信守法是企业家精神的基本要求

社会主义市场经济是信用经济、法治经济。企业家在生产经营过程中要调动人、财、物等各种资源，要同方方面面打交道，在这一过程中，如果不讲诚信，企业将寸步难行，如果不遵守法律，更会使企业面临灭顶之灾。

2018 年 8—10 月，中国企业家调查系统对制造业、批发和零售业、建筑业、租赁和商务服务业、房地产业、农林牧渔业、信息传输软件和信息技术服务业、交通运输仓储和邮政业、住宿和餐饮业、电力热力燃气及水的生产和供应业、采矿业等行业进行了"2018·中国企业经营者问卷跟踪调查"。在调查中特别了解了企业家对"最能反映当前时期的企业家精神"的看法，结果显示，14.6% 的企业家认为"诚信"最能反映当前时期企业家精神的内涵，其次是"敬业"（13.1%）和"创新"（11.3%），其他依次为"乐于奉献"（8.2%）、造福社会（6.4%）和坚韧（6.1%）等。这一结果反映出，随着市场化进程的推进，企业的规则意识越来越强，商业活动日益需要合作而非单纯的竞争，企业家精神中诚信维度的重要性不断提升。[①]

在 2021 年 1 月 1 日正式实施的《中华人民共和国民法典》中，诚信原则也被列入。《中华人民共和国民法典》第 7 条规定："民事主体从事民事活动，应当遵循诚信原则，秉持诚实，恪守承诺。"诚信原则已经从原本的一种道德准则发展到法律规定，甚至被称为"帝王条

[①] 中国企业家调查系统:《当代企业家精神：特征、影响因素与对策建议——2019 中国企业家成长与发展专题调查报告》,《中国经济报告》2019 年第 6 期。

款"。这表明，在如今的企业经营中，诚实信用原则已成为重要的法律基础，企业在经营中必须讲求信用，恪守承诺，在不损害他人利益和社会利益的前提下追求自己的利益。而守法更是企业经营必须坚守的基本原则。从现实来看，我国优秀的企业家都在践行着诚信守法这一原则。

二、企业家要做诚信守法的表率

在当今社会，尽管多数企业家都将诚信守法作为企业经营的基本准则，然而，正如习近平总书记所指出的，"由于种种原因，一些企业在经营活动中还存在不少不讲诚信甚至违规违法的现象"①。主要有：部分企业家法治观念淡薄，违背商业合同、劳动合同；企业信用缺失，存在偷税漏税、财务造假、披露信息不规范、拖欠贷款等行为；生产假冒伪劣产品，侵犯商标权、肖像权；等等。这些现象不仅限制了企业自身的发展，更连累了整个行业甚至中国产品的名誉，使全社会对部分产品和行业产生了负面评价。

企业追求利润的行为必须建立在诚信守法这一基本准则下。这一准则首先关系着企业自身的健康发展。不讲诚信可能会给企业带来一时的利益，但最终只能是折戟沉沙。只有诚信经营，以质取胜，企业才会获得良好的信誉，赢得市场和消费者的信赖，才能不被激烈的市场竞争所淘汰，并日益发展壮大。我们可以看到，个别创业者没有将主要精力放在提高企业自身的产品和服务上，反而通过运作关系、行

---

① 习近平：《在企业家座谈会上的讲话》，《人民日报》2020年7月22日，第2版。

贿受贿等使企业在短期内获得好处，但是最终只能导致经营失败，甚至因以身试法而锒铛入狱。

其次，有助于提振社会对中国企业和产品的信心。在加快构建以国内大循环为主体、国内国际双循环相互促进的新发展格局下，中国的企业家要以一种更强的社会责任感做好自己的产品，让老百姓对我们的国货更有信心。

最后，诚信守法是企业走向世界的必然要求。让更多的中国企业走出去，让更多的中国产品走出去，不仅关系着我国宏观经济发展的大局，更关系着整个中华民族的复兴伟业。在与国际市场打交道时，中国企业代表的不仅是自己，更是中国的形象，如果不能做到诚信守法，损害的就是中国企业甚至国家的形象。

因此，为了企业自身和中国企业、产品在国际上的形象地位，企业家必须做诚信守法的表率，这也是企业家经营企业的底线。可喜的是，虽然存在个别不讲诚信的企业经营者，但更多的是讲求契约精神、遵纪守法的企业家。

第四节　承担社会责任

企业不仅有经济责任、法律责任，也有社会责任、道德责任。作为企业家，必须承担社会责任。

一、承担社会责任是企业可持续发展的重要支撑

任何企业都不能脱离社会单独存在，它们都是社会的企业。因此，企业家在经营企业的过程中，不能只考虑经济利益，还要履行社会责任，只有如此，才能使企业长久可持续地发展。正如习近平总书记在企业家座谈会上所指出的，社会是企业家施展才华的舞台。只有真诚回报社会、切实履行社会责任的企业家，才能真正得到社会认可，才是符合时代要求的企业家。

所谓企业的社会责任，是指企业在创造利润、对股东和员工承担法律责任的同时，还要承担对消费者、社区和环境的责任，它要求企业超越把利润作为唯一目标追求的理念，强调在生产过程中对人的价值的关注，强调对消费者、环境和对社会的贡献。[①]

有人认为，对于企业而言，只要经营好、获利就可以了，承担社会责任会加重企业的成本和负担。实际上，对于企业而言，其成长发展不仅依靠良好的经营战略、适销对路的产品，更需要广大消费者对企业和企业家的一种认可，而能够承担社会责任的企业家无疑将获得更多的认可与支持。

从国内外的发展经验来看，各国对企业的社会责任都非常重视。譬如，20 世纪 70 年代，美国就有 48 个州明确支持注册公司可以不通过特别的章程条款来资助慈善事业，目的就是促进企业回馈社会，践行社会责任。而 1985 年后，美国以宾夕法尼亚州为首的 29 个州通过

---

① 林泽炎：《社会责任是企业发展的理论自觉和行动必然》，《人民政协报》2019 年 10 月 18 日，第 7 版。

法律规定："经理得考虑非股东利益相关者的利益。"① 除了美国，英国、法国、德国、日本等许多发达国家也先后在各自立法中确立了企业社会责任的理念。而在社会主义中国，更加强调企业的社会责任。在 2005 年修订的《中华人民共和国公司法》中，总则第 5 条第 1 款明确规定："公司从事经营活动，必须遵守法律、行政法规，遵守社会公德、商业道德，诚实守信，接受政府和社会公众的监督，承担社会责任。"这是我国成文法中第一次引入企业的"社会责任"概念。

作为社会主义国家的企业家，如果做企业的目的只是赚钱，那就不会获得社会的尊重。"从古至今，谁都不能脱离社会责任谈发展，社会责任是企业存在的前提，是企业价值的体现，是市场信誉的积累，更是我们创建世界名牌企业的基石。"② 仅以利润为经营目标的企业家，绝不可能将企业真正做大做强，使企业获得可持续的发展。当前，在社会上还存在一些不履行社会责任的企业，如部分企业不能有效保障员工合法权益，缺乏对员工的人文关怀，等等。还有部分企业缺乏环保意识，对生态环境造成不利影响。部分企业家社会责任感的缺失，最终将导致所在企业的发展面临困境，触及法律底线的将被调查追责。

事实上，企业家主动承担社会责任不仅不会成为企业的负担，反而有利于企业的发展。许多企业通过从事公益活动获得了更多人对其产品的认知，扩大了产品销路。还有企业通过承担社会责任发现了新的发展契机，如 2020 年新冠疫情使许多企业员工无法工作，福建一家公司对未复工的科研人员采取全薪留岗，将全部风险承担下来。公司

---

① 徐耀强：《企业家必须承担社会责任的内在逻辑》，《可持续发展经济导刊》2020 年第 10 期。
② 江坪：《大力弘扬企业家精神》，《浙江日报》2020 年 8 月 13 日，第 6 版。

董事长说，疫情面前，企业能做的就是稳就业，寻求技术突破，等疫情过去，再快速提高生产。在稳就业的同时，公司重新规划产业布局，加速推进智能制造，在先前智能研发基础上逐步延伸，加快机器人项目导入。①

企业家不仅是社会财富的创造者，更要对国家、民族、社会怀有强烈的责任感和使命感。新时代新征程上，要通过每个企业追求更高水平、更高质量、更高效益的发展，来实现我国经济增长的高质量发展，促进国家和社会的不断进步。

二、企业家要从多方面承担社会责任

进入新时代，我国的企业家越来越勇于承担社会责任，不仅积极投身社会公益事业，而且在危难关头，勇于担当，为国分忧。

（一）积极支持公益事业

古人云，"达则兼济天下"。作为企业家，必须积极支持社会公益事业，回报社会。而许多优秀的企业家也都是这样做的。

1. 刘永好：积极投身以扶贫开发为主题的光彩事业

被授予"改革先锋"称号、获评"民营企业家的优秀代表"的新希望集团有限公司董事长刘永好，一直积极支持社会公益。1994年4月，他联合9位民营企业家发表《让我们投身到扶贫的光彩事业中来》

---

① 《"危机中发现新商机"——科技制造企业复工复产观察》，新华社（百度百家号客户端），2020年2月21日，https://baijiahao.baidu.com/s?id=1659146627485746903&wfr=spider&for=pc。

的倡议书，共同倡议开展以扶贫开发为主题，以互惠互利、自觉自愿为原则，以帮助老少边穷地区开发资源、兴办企业、培训人才为主要内容的光彩事业。2001 年，光彩事业及其参与者的精神追求和价值取向被概括为 32 字的"光彩精神"：致富思源，富而思进，扶危济困，共同富裕，义利兼顾，德行并重，发展企业，回馈社会。到如今，"光彩事业"已经开展了 30 年。在这 30 年中，光彩扶贫事业已经成为中国民营企业家不忘初心、承担社会责任，帮助全社会进步的重要载体，有数以万计的民营企业家参加了这项活动。

这些民营企业家对贫困地区的帮助，并不单单是物质，更多的是提供机遇、机制和理念，帮助其从相对封闭的状态走出来。这些企业家通过光彩事业所进行的修桥、铺路、建校、建厂等，为国家的脱贫攻坚事业做出了实实在在的贡献。发起此项公益事业的刘永好也获评全国脱贫攻坚奉献奖。为了鼓励社会各界进一步关注和支持这一事业，1999 年 10 月，经国际小天体命名委员会批准，中国科学院北京天文台施密特 CCD 小行星项目组发现的一颗小行星（7497）被命名为"光彩事业星"。

企业家积极承担社会责任不仅能为社会做出贡献，而且也能使自身在这一过程中得到提升。刘永好以光彩扶贫事业为例指出，光彩事业已经取得相当大的成就，不单单有利于贫困地区，企业家也通过光彩事业得到了锻炼，得到了提升，提升的是爱国家、爱人民、爱社会的社会责任和担当能力。[1]

---

[1] 《国务院新闻办就"弘扬企业家精神"举行企业家代表与中外记者见面会》，中国政府网，2020 年 9 月 2 日，http://www.gov.cn/xinwen/2020-09/02/content_5539483.htm。

2. 周海江：以诚立身、心系公益

周海江是红豆集团有限公司党委书记、董事局主席。他坚持诚实守信原则，带领红豆集团从乡镇小作坊发展成为集多种经营领域于一体的国际化企业，在民营企业中率先通过社会责任体系认证。

在发展企业的同时，周海江一直心系公益事业，他个人出资2000万元成立了无锡红豆关爱老党员基金会，与父亲周耀庭共同出资2000万元成立无锡耀庭慈善基金会。汶川地震发生后，他个人捐款300万元，在地震灾区设立了"七一红豆奖学金"。在他的带动下，红豆集团已累计向社会捐款捐物数亿元。

2020年新冠疫情发生后，周海江带领的红豆集团坚决听从党和国家统一指挥，起到了勇于担当的先锋表率作用。他们第一时间交纳千万"特殊党费"，积极复工复产并紧急转产防疫物资，为防控疫情做出了贡献。2020年9月8日，在全国抗击新冠肺炎疫情表彰大会上，周海江获"全国优秀共产党员"与"全国抗击新冠肺炎疫情先进个人"两项殊荣。

（二）将企业经济效益的提高与生态环境的改善统一起来

党的十八大以来，我们党提出了创新、协调、绿色、开放、共享的新发展理念，将生态文明建设融入经济建设、政治建设、文化建设、社会建设各方面和全过程。这一发展理念要求我们坚决遏制高污染、高耗能、高排放，形成人与自然和谐发展的现代化建设新格局。

目前我国还存在一些企业过度追求经济效益而忽视环境保护的问题。特别是一些中小企业盲目开发自然资源，使得空气、河流等遭受污染。习近平总书记多次强调生态文明建设的重要性，指出绝不能以牺牲生态环境为代价换取经济的一时发展。生态环境保护和经济发展并不是对立的，进入新时代，企业的发展绝不能走破坏环境、破坏自然资源的路，企业家要转变观念，把重点放在新技术的研发和管理方式的创新上，通过技术创新、管理创新等来获取更大的市场，将企业经济效益的提高与生态环境的改善统一起来，这也是企业家社会责任的一个重要体现。

（三）积极支援国家对突发危难的救助

国家面临突发危难之际，也是企业家精神彰显之时。不论是1998年抗洪抢险、2003年抗击非典、2008年汶川地震抗震救灾，还是2020年抗击新冠疫情，中国企业家都表现出巨大的责任担当意识和强烈的社会责任感。

在新冠疫情防控战中，一大批企业家通过各种方式迅速投入疫情防控，成为抗击疫情的重要力量。面对防疫物资的紧缺，许多企业家都提出了"人民需要什么，我们就造什么"，企业纷纷跨界生产口罩等防疫物资。有的企业为运送抗疫物资搭建物流绿色通道，有的企业加快研发相关防疫产品，为打赢疫情防控阻击战做出了重要贡献。如东软集团除了向武汉前线医院紧急捐赠两台CT，仅用7天就研发和生产出移动方舱CT设备。上汽通用五菱在2020年2月初转产生产口罩机，只花了1天的时间就完成了口罩机的结构设计，76小时实现口罩机的正式下线。比亚迪仅用了7天时间就研制出第一台口罩生产设备。根据工信部的数据，2020年1月25日口罩日产量仅为800万只，到了 2 月 29 日，全国口罩日产量已达到 1.16 亿只。仅仅花了 35 天，我国口罩日产量就增长了约 13.6 倍。此后，中国口罩产量仍在迅速增长，不但满足了我国国内的需求，还向许多国家出口以帮助其进行疫情防控。中国建筑、中国移动等大型央企和京东等为代表的民营企业的企业家纷纷结合自身企业的优势，积极参与疫情防控工作。

在新冠疫情突发的危急时刻，中国企业家敢于担当，在抗击疫情的战线上用实际行动支持疫情防控，展现出浓厚的社会责任意识。正如联合国前秘书长安南说过的，每个企业家都应该明白，只有当我们不断地回馈社会，当这个社会变得更好的时候，企业才会变得更好，这就好像每一个农夫在撒种子的时候，他会明白他从土地中获取的任何东西，都来自身边的土壤，只有把这片土壤照顾好，这片土地上的庄稼才可以种得很好。一个卓越的企业，离不开一位肩负社会责任的企业家。①

第五节　拓宽国际视野

在经济全球化的时代，企业的发展离不开国际市场。企业家必须立足中国，放眼世界，对国际市场的动向和变化有准确的把握。

---

① 《新时代需要怎样的企业家精神》，《重庆日报》2020 年 7 月 31 日，第 13 版。

一、我国企业家利用国际市场的能力不断提升

党的十九大报告强调，推动形成全面开放新格局。中国开放的大门不会关闭，只会越开越大。要以"一带一路"建设为重点，坚持引进来和走出去并重，遵循共商共建共享原则，加强创新能力开放合作，形成陆海内外联动、东西双向互济的开放格局。2017 年，习近平主席在世界经济论坛的演讲中强调："经济全球化是社会生产力发展的客观要求和科技进步的必然结果，不是哪些人、哪些国家人为造出来的。经济全球化为世界经济增长提供了强劲动力，促进了商品和资本流动、科技和文明进步、各国人民交往。……想人为切断各国经济的资金流、技术流、产品流、产业流、人员流，让世界经济的大海退回到一个一个孤立的小湖泊、小河流，是不可能的，也是不符合历史潮流的。……我们要坚定不移发展开放型世界经济，在开放中分享机会和利益、实现互利共赢。不能一遇到风浪就退回到港湾中去，那是永远不能到达彼岸的。我们要下大气力发展全球互联互通，让世界各国实现联动增长，走向共同繁荣。我们要坚定不移发展全球自由贸易和投资，在开放中推动贸易和投资自由化便利化，旗帜鲜明反对保护主义。"[①]

实际上，中国自实行改革开放政策以来，一直积极融入全球经济，在吸收其他国家的资金、技术谋求自身发展的同时，也以自身发展推动世界共同发展的历史进程。中国所做的这些努力不仅顺应了中国人

[①] 《习近平主席在世界经济论坛 2017 年年会开幕式上的主旨演讲》，新华网，2017 年 1 月 18 日，http://www.xinhuanet.com/world/2017-01/18/c_1120331545.htm。

民要发展、要创新、要美好生活的历史要求，也契合了世界各国人民要发展、要合作、要和平生活的时代潮流。也正因如此，改革开放40多年来，中国已经成为世界经济舞台上的主角，以自身强大的经济实力为当代经济全球化浪潮提供重要推动力。在这一过程中，中国的企业家也在国际市场上锻炼成长，利用国际国内两个市场、两种资源的能力不断提升。

从发展历程来看，改革开放以来我国企业在国际化发展中主要经历了三个阶段：第一阶段是从1978年到1992年社会主义市场经济体制确立。在这一阶段，中国大力引进外资，通过"三来一补"、技术转让、订单外包、创办中外合资、中外合作企业等方式，中国企业开始参与全球分工。第二阶段是1992年到2012年。在此期间，中国于1995年7月11日被接纳为世界贸易组织的观察员。2001年12月11日，中国正式加入世界贸易组织，成为第143个成员，从而为中国企业的国际化提供了更多的机遇。中国企业已不满足于通过代工方式让产品走出去，而是开始有意识地"走出去"。第三阶段是党的十八大至今。随着我国融入全球化的程度日益加深，加之我国对于高水平"走出去"、高质量"引进来"的强调，更多中国企业开始建立全球化架构，打造具有全球竞争力的产品链，力争成为具有国际影响的全球性跨国企业。在这一阶段，许多中国企业成为真正全球化的企业。

在我国企业国际化进程中，涌现出许多具有国际视野的企业家，他们以敢为人先、锐意进取的精神，不仅在国内不断发展壮大，同时在国际竞争中不断探索，最终使企业成长为具有全球竞争力的国际企业。

（一）李书福：民营汽车工业开放发展的优秀代表

在汽车行业，谈及国际视野，人们一定会想起收购沃尔沃的吉利控股集团董事长李书福。李书福的创业史是从 20 世纪 80 年代制造冰箱及冰箱零配件开始的。到了 1997 年，李书福进入汽车行业，创办了中国第一家民营汽车企业。2009 年，李书福宣布吉利要收购沃尔沃，他也因此成为全球关注的焦点。然而在当时，相当一部分业内人士对于这次收购并不看好。他们认为，无论从年销售额、资产规模还是从发展历史、品牌影响力上看，吉利与沃尔沃都不在一个档次。而且，沃尔沃当时处于严重亏损的状态，吉利怎么能收拾得了这么一个烂摊子？不仅如此，吉利当时还有着不少欠债。面对外界的质疑以及吉利本身的财务状况，李书福并没有退却。为了完成这次收购，李书福组建了强大的中介团队作为收购法律顾问、财务顾问、公关顾问。在精心的准备下，2010 年 3 月 28 日，吉利控股集团和福特汽车公司签署股权收购协议，收购沃尔沃轿车公司 100% 的股权。2010 年 8 月 2 日并购终于完成。在并购过程中，李书福所做的协调与努力，也为其赢得了对方的信赖和认可。

在吉利收购沃尔沃后，在全球汽车行业处于下行趋势的大环境下，沃尔沃汽车的业绩优异。2019 年沃尔沃全球销量总和达到了 705452 辆，相比 2018 年增长了 9.8%。[①] 然而，李书福对企业国际化的追求并没有停止。2019 年 3 月，吉利集团和戴姆勒股份公司宣布成立合资公司，在全球范围内联合运营和推动 smart 品牌转型。2021 年 2 月 24

---

① 《沃尔沃 2019 年全球销量数据曝光：首破 70 万大关，XC60 依旧最畅销》，车家号，2020 年 1 月 8 日，https://chejiahao.autohome.com.cn/info/5426842/。

日，沃尔沃汽车有限公司和吉利汽车控股有限公司联合宣布：双方达成最佳合并方案。在保持各自现有独立公司架构、实现战略目标的同时，继续拓展合作领域，在汽车新四化（电气化、智能化、网联化、共享化）方面深化合作，发挥协同效应，真正实现业务整合的最大价值，强化科技优势，持续引领行业变革……在李书福开阔的国际视野下，吉利集团向国际市场发展的脚步从未止歇，吉利集团的国际影响力也越来越大。2018年，李书福被授予"改革先锋"称号，并获评"民营汽车工业开放发展的优秀代表"。

（二）南存辉："让产品走出去，服务走进去，技术走上去"

"浙南模式"的积极探索者和杰出代表南存辉也是一位极具国际视野的优秀企业家。在他的带领下，正泰集团不断发展。

正泰集团前身是1984年7月创立的"乐清县求精开关厂"。1991年，南存辉成立了中外合资温州正泰电器有限公司。20世纪90年代初，正泰通过广交会获得首笔出口订单，产品开始在国际市场上崭露头角。但随后，正泰就与一家国际巨头打起了专利拉锯战。这一战让正泰人真正认识到"走出去"对自身能力的新要求，促使正泰加快提升企业竞争力。进入21世纪以来，在南存辉的带领下，正泰的国际化版图不断扩大。2002年3月，在意大利国家电力公司年度招标大会上，正泰集团与来自全球的近30家知名电气公司展开激烈竞争，最终夺得6000万欧元标的。2007年，为适应海外市场尤其是欧美市场对产品和技术的高水准要求，正泰高端智能低压电气"诺雅克"品牌应运而生，不仅填补了我国在高端电气设计领域的空白，也成为正泰突破欧美市场的利器。

2008 年国际金融危机爆发，不少企业压缩了国际市场的份额，南存辉却反其道而行之，提出了"跨越"战略。他趁着业内正处于低谷期，通过"人才抄底"，从世界一流高科技企业引进了一批太阳能技术专家和生产装备制造专家，并以这批人才为核心组建了研发团队。同时，在新一轮技术与产业革命中，正泰抓住机会，完成了从行业进入者到行业领军者的跨越发展，形成了集"发电、储电、输电、变电、配电、用电"于一体的全产业链竞争优势，从而实现"建电站、收电费、卖服务"的盈利模式。2009 年，正泰成立五大海外洲区销售部。南存辉提出"国际本土化"的理念，就是把企业融入遵守当地的法律法规、适应当地市场需求中，"让产品走出去，服务走进去，技术走上去"。在这一理念的推动下，正泰的国际化之路越走越广。

在响应"走出去"政策的同时，南存辉表示还要"走进去"，因地制宜创新商业与管理模式，建立"本土化"长效合作机制。在柬埔寨，正泰与一家国企联合投资 5.05 亿美元建成柬埔寨达岱河水电站 BOT 项目；在韩国，正泰已成为当地知名的太阳能产品分销商和电站开发商，其中江原道春川市鲫鱼岛 9MW 光伏项目成为当地标志……在南存辉看来，"全球化"不仅仅是单向的"走出去""走进去"，而是一个"走出去、走进去"再"走上去"的循环战略。[1] 2008 年 12 月 18 日，在庆祝改革开放 40 周年大会上，"温州民营经济的优秀代表"南存辉被授予"改革先锋"称号。

---

① 张玫:《坚守实业路 积极"走出去"——记正泰集团董事长南存辉》,《经济日报》2018 年 11 月 19 日, 第 16 版。

李书福、南存辉仅仅是我国众多具有国际视野、致力于使企业走出去的企业家中的一员，类似的企业家还有很多。正是在这些企业家的带动下，我国的产品和企业日益走向国际，在世界舞台上展现着中国产品和中国企业的形象。

二、拓宽国际视野是构建国内国际双循环相互促进的新发展格局的必然要求

近年来，中国经济一直保持高速增长，2020 年中国经济总量超过 100 万亿元。中国在国际经济政治舞台上拥有越来越大的影响力。党的十八大以来，我国积极推进"一带一路"建设，全球 100 多个国家、地区和国际组织积极响应；倡议构建人类命运共同体，为推进全球治理体系变革贡献中国智慧，展现了作为大国的责任担当。面对中国的发展，一些以美国为首的西方国家为继续维持其霸权地位，通过贸易战等方式对中国进行遏制，试图借此阻止中国的发展势头，降低中国道路对其他国家的示范意义和世界影响力，这也导致经济全球化遭遇逆流，经贸摩擦加剧。

面对这种状况，2020 年 5 月 14 日，中共中央政治局常委会召开会议，首次提出"构建国内国际双循环相互促进的新发展格局"。这是党中央根据国内国际形势发展的新变化、全球产业链供应链重构的新趋势以及我国经济社会发展面临的新挑战，及时提出的重大战略部署，为我国统筹国内国际两个大局、在危机中育新机、于变局中开新局指明了方向，是今后一个时期做好国内经济社会发展工作的重要遵循。

在国际经济环境面临不利状况时，我们应该看到，中国是全球最有潜力的大市场，具有最完备的产业配套条件。但国内市场毕竟是有限的，因此，企业家要立足中国，放眼世界。而当前的国际环境也对企业家提出了更高的要求，为了更好地打开国际市场，企业家必须提高四种能力。

一是要提高把握国际市场动向和需求特点的能力。国际市场纷繁多变，必须及时把握国际市场动向，才能及时发现新的机遇。当前尽管世界经济低迷、全球市场萎缩，但仍有许多机遇。"涉浅水者得鱼虾，涉深水者得蛟龙。"能否抓住这些机遇，就要看企业家能否准确把握国际市场动向和需求的新特点。

二是要提高把握国际规则的能力。开放型经济本质上要求权利与责任的对等性、国际规则的透明性、全球治理的公平性。走出去的中国企业，除了坚守诚信经营的道德底线、合法合规的职业操守，还要知己知彼、以变应变，以"走进去"实现更好"走出去"。要完善涉外经贸法律和规则体系，适应、把握和运用国际规则。[①] 如华为自2000年以来开始将目光转向欧美，为了进入英国电信的采购短名单（短名单厂商才能参加招标），华为接受了英国电信长达2年的认证，这次认证让华为真正了解到发达国家市场对供应商的要求。

三是要提高国际市场开拓能力。面对国际上的不利形势，要构建国内国际双循环相互促进的新发展格局，中国企业家就必须努力开拓国际市场。如中国建材一直坚持走出去战略，努力开发更广阔的国际

---

① 李锦:《以创新精神迎接更高水平、更深层次开放》,《光明日报》2020年10月22日, 第10版。

市场，减少对单一市场的依赖。在这种国际化战略下，针对"一带一路"共建国家，中国建材锁定东南非、中东、中亚、南亚、中东欧、东盟、南美等7个重点区域，集团几十家做国际业务的企业各有侧重地去开发，按照精耕市场、精准服务、精化技术、精细管理的要求，采用"切西瓜"的模式，打造自己的"根据地"，立足于能够长期"走进去"，实现长期开发的目标。

四是要提高防范国际市场风险能力。随着国际市场竞争的日趋加剧，企业国际化所面临的风险也将增多，海外知识产权风险、高科技风险等诸多因素将呈现愈加复杂的态势，甚至成为引发双边或多边贸易争端的重要因素。近年来，华为、字节跳动等都遭遇了美国的打压和围剿。要使企业国际化之路平稳推进，作为企业掌舵人的企业家必须提高风险防范能力。

第四章
营造有利于企业家健康成长的环境

中国特色社会主义进入新时代，要更好发挥企业家作用，必须营造有利于企业家健康成长的环境。2017年9月8日，中共中央、国务院颁布的《关于营造企业家健康成长环境弘扬优秀企业家精神更好发挥企业家作用的意见》强调：着力营造依法保护企业家合法权益的法治环境、促进企业家公平竞争诚信经营的市场环境、尊重和激励企业家干事创业的社会氛围。

第一节　协调好政府与市场的关系

政府与市场的关系对企业家精神的培育以及企业家的健康成长至关重要。中外的历史经验与教训已经深刻表明，只有协调好二者的关系，才能使企业家在一个良好的平台上成长。

一、政府与市场的关系历来是理论界争论的焦点

改革开放以来，我国在建立社会主义市场经济体制的过程中，对政府与市场的关系在理论上一直存在争论。1992年邓小平同志的南方谈话明确了社会主义也有市场，解决了对市场经济与社会主义之间关系的争论。然而，在社会主义市场经济中，政府和市场的关系仍然是一个全新的课题。政府管得过多，不利于市场配置资源作用的发挥，也不利于企业的发展和企业家的成长。政府管得过少，又会发生市场失灵等状况，市场的自发性、盲目性同样会为企业的发展设置障碍。因此，在我国社会主义市场经济体制建立过程中，随着实践的发展和认识的深化，政府和市场的关系在不断进行调整，市场与政府相互统一、相互促进的格局日益形成。

实际上，对于政府与市场的关系，国外也是一直争论不断。最早

对二者关系进行界定的是英国古典政治经济学家亚当·斯密。在《国富论》中，斯密曾对"看不见的手"做出过这样的论述："每个人都力图利用好他的资本，使其产生并实现最大的价值。一般说来，他并不企图增进公共福利，也不知道他实际上所增进的公共福利是多少。他所追求的仅仅是他个人的利益和所得。他对自身利益的研究必然会引导他选定最有利于社会的用途。在这样的场合，像在其他场合一样，他受一只看不见的手的指导，去尽力达到一个并非他本意想要达到的目的。通过追逐个人利益，他经常增进社会利益，其效果比他真的想促成社会利益时反而更好。"在斯密看来，政府应该充当的只是"守夜人"，通过市场这只"看不见的手"起作用，经济利益最大化就得以实现。

然而，随着 1929—1933 年经济危机的爆发，仅仅依靠"看不见的手"显然已无法使经济走向正轨。据统计，在危机期间，仅美国破产的企业就达 14 万家以上，倒闭的银行超过了 6000 家。从整个资本主义来看，工业生产下降了 37.2%，失业人数高达 3000 万人，资本主义世界的经济损失总额高达 2600 多亿美元，远远超出了第一次世界大战造成的 1700 亿美元的损失总额。在这一背景下，主张国家干预的凯恩斯主义应运而生。其政策核心就是反对自由放任，主张国家干预，扩大政府职能。在凯恩斯看来，资本主义经济的健康发展既需要市场机制的调节，也离不开政府的宏观干预。尤其是在当时正处于危机的背景下，凯恩斯主义更加强调政府的作用。

20 世纪 70 年代，新自由主义在西方开始占据优势和主导地位。其最基本的理念是反对国家对经济的干预，主张经济自由、让市场机制自发调节经济，从而实现资源的最优配置和生产最优化。尽管在新自由主义流行的时代，国家已不可能实现纯粹的如古典自由主义所主张的自由放任，但新自由主义仍坚持要将这种国家调节的范围缩减到最低限度，让市场机制最大限度地发挥作用。新自由主义的代表人物哈耶克就提出，"正是通过市场，才使得人们在实现'那些并非他自己目的'的方面做出了自己的贡献"[1]，而政府没有办法把对经济的干预和控制活动限定在一定范围内，"在民主社会中，一旦人们接受了政府应当对某些特定群体的地位或生活状况承担责任这项原则，那么这种控制活动就不可避免地会被政府扩展至其他领域，用以满足大众的欲求和偏见"[2]。

当然，在现实中，政府与市场关系并不像经济学理论阐述得那样"标准"，政府与市场之间不是单一线性的完全排他性关系，而是共生性关系。即使是在新自由主义主导下，政府也被赋予了很多经济职能。但从上述西方经济思想发展的历史脉络来看，对于政府与市场的关系，国外并没有在理论上达成一致，在实践中也是不断调整。

---

① ［英］冯·哈耶克:《个人主义与经济秩序》，邓正来译，生活·读书·新知三联书店2003年版，第20页。

② ［英］冯·哈耶克:《个人主义与经济秩序》，邓正来译，生活·读书·新知三联书店2003年版，第158页。

二、改革开放以来政府与市场关系的调整推动了企业家的发展

改革开放前，计划经济体制为我国在一穷二白的情况下集中力量发展经济创造了条件。但随着经济的发展，计划经济体制的弊端也日趋明显。在 1978 年 12 月 13 日的中央工作会议闭幕式上，邓小平同志对当时政府的经济管理工作进行了批评，指出了其"机构臃肿，层次重叠，手续繁杂，效率极低"[①]的问题。其后，我们党一直在对政府与市场的关系进行探索，并结合中国发展的实践对政府与市场的关系进行界定。

（一）改革开放后政府与市场关系调整的过程

1982 年党的十二大确立了"计划经济为主，市场调节为辅"的方针。1984 年，党的十二届三中全会通过的《中共中央关于经济体制改革的决定》指出，传统经济体制的弊端是，"政企职责不分，条块分割，国家对企业统得过多过死，忽视商品生产、价值规律和市场的作用，分配中平均主义严重"[②]，提出要突破把计划经济同商品经济对立起来的传统观念，由此开启了社会主义市场经济体制的改革之旅。1992年党的十四大报告提出，建立和完善社会主义市场经济体制，使市场在社会主义国家宏观调控下对资源配置起基础性作用，这是我国对政府与市场关系探索的重大贡献。这一重大理论突破，对我国改革开放和经济社会发展发挥了极为重要的作用。

---

① 《邓小平文选》第 2 卷，人民出版社 1983 年版，第 150 页。
② 《中共中央关于经济体制改革的决定》，《中华人民共和国国务院公报》1984 年第 26 期。

从党的十四大到十八大，对政府与市场关系，我们的认识不断在深化，并根据实践的发展对二者进行科学定位。党的十四大提出"使市场在社会主义国家宏观调控下对资源配置起基础性作用"，党的十六大提出"在更大程度上发挥市场在资源配置中的基础性作用"，党的十七大提出"从制度上更好发挥市场在资源配置中的基础性作用"，党的十八大提出"更大程度更广范围发挥市场在资源配置中的基础性作用"。

随着社会主义市场经济体制的不断完善和发展，我国对政府与市场的关系做出了新的定位。2013 年，党的十八届三中全会通过《中共中央关于全面深化改革若干重大问题的决定》（以下简称《决定》），强调使市场在资源配置中起决定性作用和更好发挥政府作用。《决定》对于政府和市场的作用进行了具体的界定，指出："经济体制改革是全面深化改革的重点，核心问题是处理好政府和市场的关系，使市场在资源配置中起决定性作用和更好发挥政府作用。市场决定资源配置是市场经济的一般规律，健全社会主义市场经济体制必须遵循这条规律，着力解决市场体系不完善、政府干预过多和监管不到位问题。""必须积极稳妥从广度和深度上推进市场化改革，大幅度减少政府对资源的直接配置，推动资源配置依据市场规则、市场价格、市场竞争实现效益最大化和效率最优化。政府的职责和作用主要是保持宏观经济稳定，加强和优化公共服务，保障公平竞争，加强市场监管，维护市场秩序，推动可持续发展，促进共同富裕，弥补市场失灵。"① 从《决定》对政府

---

① 《中共中央关于全面深化改革若干重大问题的决定》，《人民日报》2013 年 11 月 16 日，第 1 版。

与市场关系的论述可以看到，此时二者的关系已经由"市场在资源配置中起基础性作用"发展为"使市场在资源配置中起决定性作用"，更明确指出了要大幅度减少政府对资源的直接配置，这标志着我们党对政府与市场关系的认识发展到了一个新阶段。

对于如何协调政府与市场的关系，习近平总书记做出如下论断：一是市场经济本质上就是市场决定资源配置的经济。在《关于〈中共中央关于全面深化改革若干重大问题的决定〉的说明》中，习近平总书记指出，理论和实践都证明，市场配置资源是最有效率的形式。市场决定资源配置是市场经济的一般规律，市场经济本质上就是市场决定资源配置的经济。健全社会主义市场经济体制必须遵循这条规律，着力解决市场体系不完善、政府干预过多和监管不到位问题。作出"使市场在资源配置中起决定性作用"的定位，有利于在全党全社会树立关于政府和市场关系的正确观念，有利于转变经济发展方式，有利于转变政府职能，有利于抑制消极腐败现象。[1] 二是"看不见的手"和"看得见的手"都要用好。2014 年 5 月 26 日，习近平总书记在主持十八届中央政治局第十五次集体学习时发表讲话，指出，在市场作用和政府作用的问题上，要讲辩证法、两点论，"看不见的手"和"看得见的手"都要用好，努力形成市场作用和政府作用有机统一、相互补充、相互协调、相互促进的格局，推动经济社会持续健康发展。

上述论断是正确处理政府与市场关系的基本准则，也是我国在现实中协调二者关系的理论支撑。正是基于此，2017 年党的十九大对政

---

[1] 习近平：《关于〈中共中央关于全面深化改革若干重大问题的决定〉的说明》，《人民日报》2013 年 11 月 16 日，第 1 版。

府与市场的关系进行了更为明确的表述，指出要着力构建市场机制有效、微观主体有活力、宏观调控有度的经济体制。这一表述不仅为新时代的政府与市场关系指明了方向，而且就充分发挥市场在资源配置中的决定性作用以及更好地发挥政府的职能提出了要求，按照这一要求协调政府与市场的关系，就能将有为政府和有效市场有机统一起来，从而形成政府与市场关系的新格局。这一表述还表明，在社会主义市场经济体制下，政府与市场的作用是有机统一的，而不是相互排斥、相互否定的，我们不能把二者割裂开来甚至是对立起来，既不能用市场在资源配置中的决定性作用取代甚至否定政府作用，也不能用更好发挥政府作用取代甚至否定使市场在资源配置中起决定性作用。必须同时用好"看不见的手"和"看得见的手"，使二者有机统一起来，努力形成市场作用和政府作用相互补充、相互协调、相互促进的格局，才是真正完善的社会主义市场经济体制。

（二）政府与市场关系的调整推动了企业家的发展

通过对政府与市场关系的不断调整，政府对资源的直接配置大幅减少，市场体系不断发展，市场规模不断扩大，企业能够在一个统一、有序、开放、公平的市场体系中进行经营。不论是生产资源的获取、产品的销售，还是人员的流动，企业家都能够根据企业经营的需要进行最优组合与调整，使企业的活力不断被激发，并随着市场空间的扩大而不断成长。同时，政府作用的发挥又能为企业提供相关政策支持和经济稳定运行的平台。在一个具有良好发展预期的经济环境中，企业家的积极性和创新性得到最大限度发挥，企业数量迅速增长，企业家队伍不断壮大，他们对于"积累社会财富、创造就业岗位、促进经济社会发展、增强综合国力"[①]发挥着重要作用，使我国工业、农业、服务业等稳步发展，有力推动了中国特色社会主义现代化建设。

以工业为例，根据国家统计局发布的《中华人民共和国 2020 年国民经济和社会发展统计公报》，2020 年，全部工业增加值比 2019 年增长 2.4%，规模以上工业增加值增长 2.8%。在规模以上工业中，国有控股企业增加值增长 2.2%，私营企业增长 3.7%。从利润来看，全年规模以上工业企业利润 64516 亿元，比 2019 年增长 4.1%。全年规模以上工业企业每百元营业收入中的成本为 83.89 元，比上年减少 0.11 元；营业收入利润率为 6.08%，提高 0.20 个百分点。年末规模以上工业企业资产负债率为 56.1%，比上年末下降 0.3 个百分点。全年全国工业产能利用率为 74.5%。在 2020 年新冠疫情肆虐的情况下，我国企业依然取得了这样不俗的业绩，与企业家作用的发挥是分不开的，而我国政府采取的各项惠企纾困措施以及市场体系的不断完善，则是保障企业家作用充分发挥的重要因素。

三、政府与市场关系还存在的问题

尽管我国社会主义市场经济体制不断完善，政府与市场的关系不断调整，但从目前来看，在二者关系上还存在一些问题，需进一步理顺。

[①] 《中共中央 国务院关于营造企业家健康成长环境弘扬优秀企业家精神更好发挥企业家作用的意见》，《中华人民共和国国务院公报》2017 年第 28 期。

从政府方面来看，政府职能越位、缺位现象仍然存在。改革开放以来，尤其是我国加入世界贸易组织以来，大力推进简政放权，取得了诸多成绩，但总体来看，仍然存在一些问题。一是政府审批项目仍然较多，束缚了企业的手脚。企业反映比较突出的还是限制多、门槛高、审批繁。二是在部分地方或部门仍存在过度干预的问题，导致"看得见的手"压制了"看不见的手"，使市场配置资源的效率降低。三是存在政府职能缺位的情况，"该伸的手"没有到位。比如，部分地区对环境保护的管理不足，部分地方信用信息服务平台不够健全，等等。四是不同所有制企业的税收和社会负担不均等。如一些地方对民营企业采取包税制，国有企业就无法享受同等待遇。同时，由于国有企业的属地化管理，一些地方往往将增收的来源盯住优势企业特别是国有企业，又将难以解决的社会负担交给国有企业承担，国有企业各类新旧社会包袱难以彻底卸除。从中央到地方，国有企业一直是社会保障基金的主要充实者，承担了主要的社会保障责任，过高的税费及社会负担影响国有企业参与公平竞争。[①]

从市场方面来看，仍存在市场体系还不健全、市场发育还不充分的问题。随着我国社会主要矛盾转化为人民日益增长的美好生活需要和不平衡不充分的发展之间的矛盾，以及经济由高速增长阶段转向高质量发展阶段，企业的重要性日益增加。在这种情况下，由市场体系缺陷所引发的市场激励不足、要素流动不畅、资源配置效率不高等问题会对企业的经营产生影响，对推动高质量发展设置障碍。

---

① 王绛：《进一步厘清政府、市场与企业关系 促进国有企业健康发展》，《经济观察报》2020年6月8日，第4版。

四、进一步理顺政府与市场的关系

为给企业家成长创造更好的发展环境，进一步理顺政府与市场的关系尤为重要。我国的社会主义市场经济体制对于政府与市场关系的界定是：使市场在资源配置中起决定性作用和更好发挥政府作用。这就要求首先发挥市场在资源配置中的决定性作用，凡是市场能做的事情都要交给市场，通过其运行的自主性、平等性、竞争性和有效性来配置资源，达到资源的最优利用。当然，由于市场失灵的存在，政府的宏观管理必不可少。党的十九届四中全会提出要"完善政府经济调节、市场监管、社会管理、公共服务、生态环境保护等职能，实行政府权责清单制度，厘清政府和市场、政府和社会关系"[1]。在这一体制中，政府的主要任务是保持经济总量平衡，促进重大经济结构协调和生产力布局优化，减缓经济周期波动影响，防范区域性、系统性风险，稳定市场预期，实现经济持续健康发展。市场的功能主要表现为供求、价格自发调节和自由竞争，二者缺一不可。企业依据市场信号自主经营。据此，要从以下两方面进一步顺政府与市场关系。

（一）更好发挥政府作用，减少政府对资源的直接配置

受传统计划经济体制的影响，我国在政府与市场的关系中经常会出现政府管得过多的情况。这不仅会使社会主义市场经济体制的日趋完善受到影响，也会影响企业家的经营活动。在正常的政府与市场关

---

① 《中共中央关于坚持和完善中国特色社会主义制度 推进国家治理体系和治理能力现代化若干重大问题的决定》，《人民日报》2019年11月6日，第1版。

系中，政府应该为市场的健康发展提供法律上的支持和所有权的保护，但如果政府干预过多，企业家就可能会把更多的才能与资源用于谋求政府支持的寻租活动，而不是研发和技术创新。所以，要弘扬企业家精神，就必须明确政府与市场的边界，创建一个能够让企业家充分发挥其创新才能和公平竞争的市场环境。[①]

1. 发挥市场的决定性作用并不意味着取消政府的作用

发挥市场在资源配置中的决定性作用并不意味着取消政府的作用。在当今世界正经历百年未有之大变局的背景下，我国经济社会发展所取得的巨大成就让许多国家看到了独立自主实现现代化的希望，也使某些西方国家力图遏制中国的发展。欧美一些国家不承认我国的市场经济地位，还有的国家拿我国国有企业性质作为借口，对我国产品进行打压，其根本目的是遏制中国经济的发展。在这种国际环境下，加之国内个别地方政府对市场管得过多而出现一些影响企业家经营行为的情况，国内学界对政府与市场的关系也出现了不同的声音，如有人认为全面深化改革就是要让政府和国有企业全面退出市场，实行完全自由的市场经济。

针对片面强调"市场的决定性作用"的观点，习近平总书记指出，"市场起决定作用，是从总体上讲的，不能盲目绝对讲市场起决定性作用，而是既要使市场在配置资源中起决定性作用，又要更好发挥政府作用"[②]。市场经济中必须发挥政府的作用不仅是我国社会主义市场经济的要求，也是各个国家市场经济运行中早已证明了的。从欧美国家

---

① 华民：《弘扬企业家精神缘何如此重要》，《人民论坛》2019 年 1 月下。
② 《习近平关于社会主义经济建设论述摘编》，中央文献出版社 2017 年版，第 57—58 页。

来看，在主张自由放任的古典自由主义的理念下，1929—1933 年的经济危机打破了单凭"看不见的手"能实现经济发展最优化的神话，使主张国家干预的凯恩斯主义应运而生。尽管 20 世纪 70 年代以来，欧美国家开始推行新自由主义，强调市场化、私有化，淡化政府的作用，但 2008 年国际金融危机爆发后，资本主义国家所采取的加强金融监管、救助金融机构、实行再工业化战略等刺激经济的举措，都是通过发挥政府作用来弥补市场机制的不足。

而在社会主义的中国，发挥政府作用不仅是市场经济本身的需要，更是社会主义制度的需要。社会主义的本质是解放生产力，发展生产力，消灭剥削，消除两极分化，最终达到共同富裕。在新发展理念中，同样强调要坚持共享发展，也就是要坚持发展为了人民、发展依靠人民、发展成果由人民共享，使全体人民在共建共享发展中有更多获得感，朝着共同富裕方向稳步前进。然而，单纯依靠市场调节，必然会在一定程度上出现两极分化，导致生产的自发性、盲目性，企业生产的外部性无法避免，因而发挥政府作用必不可少。同时，我国的社会主义市场经济是坚持以公有制为主体建立和发展的市场经济，国家（政府）代表的是广大人民群众的根本利益，这与代表垄断资产阶级利益的西方政府有着本质的区别。在公有制为主体的基础上，做强做大国有企业，制定经济计划、经济发展战略、中长期发展规划等，是社会主义市场经济的必然要求，也是弥补市场失灵的有效方式。

正如习近平总书记所指出的："在社会主义条件下发展市场经济，是我们党的一个伟大创举。我国经济发展获得巨大成功的一个关键因素，就是我们既发挥了市场经济的长处，又发挥了社会主义制度的优越性。我们是在中国共产党领导和社会主义制度的大前提下发展市场经济，什么时候都不能忘了'社会主义'这个定语。之所以说是社会主义市场经济，就是要坚持我们的制度优越性，有效防范资本主义市场经济的弊端。我们要坚持辩证法、两点论，继续在社会主义基本制度与市场经济的结合上下功夫。"[①] 因此，我国政府不仅要对经济进行宏观调控和管理，还要作为全民所有制的所有者直接参与国民经济的生产和再生产活动。对我国政府和市场关系的理解，绝不能仅仅停留在"大政府小市场"还是"小政府大市场"的层面，还必须深入国家和市场关系的本质层面。[②]

2. 更好发挥政府作用，而不是更多发挥政府作用

在发挥政府作用时应注意，我国社会主义市场经济体制是要更好发挥政府作用，而不是更多发挥政府作用，是要在保证市场发挥决定性作用的前提下，管好那些市场管不了或管不好的事情。

经济学家刘易斯在1955年根据其对世界经济史的观察，提出了这样一个矛盾现象，也就是著名的"刘易斯悖论"：政府的失败既可能是由于它们做得太少，也可能是由于它们做得太多。[③] 自他提出这一悖论后，全世界对于政府应该做什么、做多少的问题一直存在争论。从我国目前的情况来看，政府在许多情况下是做得多而不是少，这也是在协调政府与市场关系时需要特别注意的。

---

① 《习近平关于社会主义经济建设论述摘编》，中央文献出版社2017年版，第64页。

② 刘凤义：《论社会主义市场经济中政府和市场的关系》，《马克思主义研究》2020年第2期。

③ W. Arthur Lewis, "Reflections on Unlimited Labour", In: DiMarco, L.E., Ed., International Economics and Development , New York : Academic Press, 1972, pp.75-76.

3. 政府作用的体现

当前，政府作用主要应集中在以下几方面。

一是维护市场秩序。主要是保证企业自主经营，维护市场公平竞争，保障消费者的自主选择和自主消费，实现商品和要素的自由流动和平等交换，建设统一开放、竞争有序、诚信守法、监管有力的现代市场体系，形成权责明确、公平公正、透明高效、法治保障的市场监管格局。

不同市场主体能公平地参与市场竞争，是促进企业发展的基本前提，也是激发企业家精神的重要基础。因此，政府要为各类市场主体提供公平参与市场竞争的环境，反对垄断和地方保护主义，反对不正当竞争，只有在这样的环境中，企业家精神才能迸发出来。

二是调节收入分配。通过对国民收入的初次分配和再分配，实现国民收入在各部门、各地区、各单位以及社会成员之间合理分配，缩小不同群体间的收入差距，体现社会公平，是社会主义国家政府调控的重要内容。

企业的发展在推动国民经济的同时，也会在一定程度上加大社会不同群体间的收入差距。制定相应的政策，既保护企业家的积极性和创造性，又能缩小社会成员间的收入差距，实现共享发展，是政府应重点关注的。

三是提供公共产品和服务。这是政府在现代市场经济中承担的最基本的角色之一。公共产品和服务在消费上具有明显的非竞争性与非排他性，要激发企业等主体的力量，一道承担提供公共产品和服务的任务。

　　四是调控宏观经济。市场调节主要是体现在微观经济上，容易导致经济运行出现波动，因而政府必须对宏观经济从总体上进行调节，这样才能避免总供给与总需求不一致的矛盾，保持经济的平稳运行。同时，政府的宏观调节可减少市场调节的盲目性，使市场对资源的配置与社会主义生产目的趋于吻合。进入新时代，必须健全以国家发展规划为战略导向，以财政政策和货币政策为主要手段，就业、产业、投资、消费、环保、区域等各项政策紧密配合，目标优化、分工合理、高效协同的宏观经济治理体系。

　　为了更好发挥政府作用，2015 年 5 月 12 日，国务院召开全国推进简政放权放管结合职能转变工作电视电话会议，首次提出"放管服"改革的概念，即简政放权、放管结合、优化服务。2017 年 9 月 6 日，李克强同志在国务院常务会议上强调，"放管服"改革说到底就是培育市场环境。① 此后，各地、各部门都积极推进"放管服"改革，进一步激发了市场主体活力，优化了营商环境，为企业的发展提供了更为良好的环境。2020 年，党的十九届五中全会通过的《中共中央关于制定国民经济和社会发展第十四个五年规划和二〇三五年远景目标的建议》（以下简称《建议》）对于政府的职责进行了详细的阐释，为"十四五"期间更好发挥政府作用确立了基调。《建议》指出，建设职责明确、依法行政的政府治理体系。深化简政放权、放管结合、优化服务改革，全面实行政府权责清单制度。持续优化市场化法治化国际化营商环境。实施涉企经营许可事项清单管理，加强事中事后监管，对新产业新业

---

① 《李克强："放管服"改革说到底就是培育市场环境》，中国政府网，2017 年 9 月 8 日，http://www.gov.cn/premier/2017-09/08/content_5223450.htm。

态实行包容审慎监管。健全重大政策事前评估和事后评价制度，畅通参与政策制定的渠道，提高决策科学化、民主化、法治化水平。推进政务服务标准化、规范化、便利化，深化政务公开。

（二）完善市场体系，切实发挥市场在资源配置中的决定性作用

想要切实发挥市场在资源配置中的决定性作用，必须对市场体系进一步完善。党的十九届四中全会提出要建设高标准市场体系，完善公平竞争制度，全面实施市场准入负面清单制度，改革生产许可制度，这为市场体系的完善指明了方向。

一是进一步完善全国统一的市场体系，完善保障公平竞争的政策框架，破除地方保护，促进全国不同地区、不同行业间的公平竞争。同时，加快国内规则与国际市场规则的接轨，促进国内企业全方位地参与国际市场竞争。

二是推进建立健全全国统一的要素市场，诸如土地、劳动力、技术等生产要素都能够通过市场配置实现最优化。要推进要素价格市场化改革，最大限度减少政府对价格形成的不当干预，实现要素价格市场决定、流动自主有序、配置高效公平。

三是建立健全资本市场体系。建立规范、透明、开放、有活力、有韧性的资本市场，健全具有高度适应性、竞争力、普惠性的现代金融体系，有效防范化解金融风险。

四是完善社会主义市场经济法治体系。社会主义市场经济本质上是法治经济，必须完善市场运行和监管规则，加强市场监督，确保市场机制在法治的框架内运行。

2020 年 5 月 11 日发布的《中共中央 国务院关于新时代加快完善社会主义市场经济体制的意见》指出：以完善产权制度和要素市场化配置为重点，全面深化经济体制改革，加快完善社会主义市场经济体制，建设高标准市场体系，实现产权有效激励、要素自由流动、价格反应灵活、竞争公平有序、企业优胜劣汰。对于如何正确处理政府与市场的关系，文件指出，要"坚持社会主义市场经济改革方向，更加尊重市场经济一般规律，最大限度减少政府对市场资源的直接配置和对微观经济活动的直接干预，充分发挥市场在资源配置中的决定性作用，更好发挥政府作用，有效弥补市场失灵"。[①] 只要在实践中真正落实好上述两方面，就能真正推动有效市场和有为政府的结合，使我国社会主义市场经济体制更加完善。

第二节　营造良好的制度环境

企业的生产经营需要在一定的制度框架内进行。在构建了良好的政府与市场关系，使企业家能够有一个公平竞争诚信经营的市场环境后，还需进一步营造良好的制度环境。2019 年 2 月 25 日，习近平总书记在主持召开中央全面依法治国委员会第二次会议时强调，"法治是最好的营商环境。要把平等保护贯彻到立法、执法、司法、守法等

---

① 《中共中央 国务院关于新时代加快完善社会主义市场经济体制的意见》,《人民日报》2020 年 5 月 19 日，第 1 版。

各个环节,依法平等保护各类市场主体产权和合法权益"[1]。只有不断完善法律制度，才能为企业家提供良好的环境。

一、依法保护企业产权

企业产权是以财产所有权为基础，反映投资主体对其财产权益、义务的法律形式。依法平等保护国有、民营、外资等各种所有制企业产权，是为企业家营造良好制度环境的基础。

（一）改革开放后对企业家的认识不断发展

过去，对企业家尤其是民营企业家的认识有一定的误区，在一定时期内将企业家与资本家等同起来。改革开放以来，随着社会主义市场经济体制的建立和完善，对企业家的认识逐步发生变化，其对经济和社会发展的重要性受到广泛认可。然而，在这一过程中，尤其是随着收入差距的拉大，出现了对市场经济会不会造成两极分化、产生新的资产阶级的争论，对于企业家的财产，尤其是民营企业家的财产，应该如何看待，也出现过争论。

事实上，自改革开放以来，我国通过政府职能的转变和简政放权，使国有企业获得了经营自主权等，并逐步放开了对民营经济发展的限制，民营企业和国有企业都成为社会主义市场经济中的重要市场主体，对民营企业家的认识随之不断发展。

---

① 《习近平主持召开中央全面依法治国委员会第二次会议并发表重要讲话》，中国政府网，2019 年 2 月 25 日，http://www.gov.cn/xinwen/2019-02/25/content_5368422.htm。

2000 年 1 月 24 日的《人民日报》上发表了一篇名为"私企老板当上了省劳模"的报道①，报道了浙江省劳模评选过程中私营企业经营者当选省劳模的过程。1999 年，正泰集团的南存辉作为温州私营企业的杰出代表被浙江省人民政府表彰为"省劳动模范"，当选的还有其他 11 位私营企业经营者。而在最初评选时，这些私营企业经营者并未入选，因为"评选说明"一栏中写道："私营企业经营者不列入劳模评选范围。"时任浙江省长柴松岳在审核名单时强调要解放思想，更新观念，打破框框，政府要创造一种平等竞争的环境。在这一指示下，南存辉等 12 名私营企业经营者当选浙江省劳模。

此事引发了社会各界的争论。有人认为私营企业主是党的改革开放政策的产物，评为劳动模范是一种荣誉和社会认可。有人认为私营企业主就是资本家，属于剥削者范畴，不能当劳动模范，等等。对此，中央组织部统战部内外及地方统战部门同志进行了深入研讨。经过反复讨论和座谈，基本达成一个共识：在改革开放的进程中，在党的富民政策指引下，通过诚实劳动和合法经营先富起来的个体劳动者和私营企业主，不仅是党和政府的政策允许的，也是光荣的。②

对于社会上的这种争论，党中央从理论上进行了界定。2001 年 7 月 1 日，江泽民同志在庆祝中国共产党成立 80 周年大会上的讲话中指出，改革开放以来，我国的社会阶层构成发生了新的变化，出现了民营科技企业的创业人员和技术人员、受聘于外资企业的管理技术人

---

① 袁亚平：《私企老板当上了省劳模》，《人民日报》2000 年 1 月 24 日，第 9 版。
② 佟言实、肖照青：《"中国特色社会主义的建设者"的由来》，《中国统一战线》2010 年第 7 期。

员、个体户、私营企业主、中介组织的从业人员、自由职业人员等社会阶层……这些新的社会阶层中的广大人员，通过诚实劳动和工作，通过合法经营，为发展社会主义社会的生产力和其他事业作出了贡献。他们与工人、农民、知识分子、干部和解放军指战员团结在一起，他们也是有中国特色社会主义事业的建设者。[①] 党的十六大指出，"在社会变革中出现的民营科技企业的创业人员和技术人员、受聘于外资企业的管理技术人员、个体户、私营企业主、中介组织的从业人员、自由职业人员等社会阶层，都是中国特色社会主义事业的建设者"[②]。这一论断明确了民营企业家是中国特色社会主义事业的建设者。此后，民营企业家的各项权利日益得到保护。

（二）如何看待企业产权

2016 年 11 月 4 日发布的《中共中央 国务院关于完善产权保护制度依法保护产权的意见》指出，要"健全以公平为核心原则的产权保护制度，毫不动摇巩固和发展公有制经济，毫不动摇鼓励、支持、引导非公有制经济发展，公有制经济财产权不可侵犯，非公有制经济财产权同样不可侵犯"[③]。两个"不可侵犯"表明了公有制经济财产和非公有制经济财产同样受到保护。2018 年 11 月 1 日，习近平总书记在民营企业座谈会上发表讲话，指出"民营经济是我国经济制度的内

---

① 江泽民:《在庆祝中国共产党成立八十周年大会上的讲话》,《人民日报》2001 年 7 月 2 日，第 1 版。

② 江泽民:《全面建设小康社会，开创中国特色社会主义事业新局面——在中国共产党第十六次全国代表大会上的报告》,《人民日报》2002 年 11 月 18 日，第 1 版。

③ 《中共中央 国务院关于完善产权保护制度依法保护产权的意见》,《中华人民共和国国务院公报》2016 年第 34 期。

在要素，民营企业和民营企业家是我们自己人"。"国家保护各种所有制经济产权和合法利益，坚持权利平等、机会平等、规则平等，废除对非公有制经济各种形式的不合理规定，消除各种隐性壁垒，激发非公有制经济活力和创造力"。"我们毫不动摇鼓励、支持、引导非公有制经济发展的方针政策没有变！我们致力于为非公有制经济发展营造良好环境和提供更多机会的方针政策没有变！我国基本经济制度写入了宪法、党章，这是不会变的，也是不能变的。任何否定、怀疑、动摇我国基本经济制度的言行都不符合党和国家方针政策，都不要听、不要信！所有民营企业和民营企业家完全可以吃下定心丸、安心谋发展！"①

改革开放 40 多年来，企业家以其自身的行动表明了他们在中国特色社会主义现代化建设中所发挥的重要作用。然而，由于对企业产权的保护还不完善，许多企业家担心企业的将来没有保障，从而对未来长期投资和发展的预期不足，倾向于投资短平快项目，企业家移民海外的情况也曾发生。2017 年，国家发展和改革委员会经济体制与管理研究所对我国近 400 名民营企业家以调查问卷的方式做了一次调研，结果显示，有 57.1% 的受访企业家表示我国当前对财产权保护现状程度一般，可见对财富的不安全感是我国民营企业家焦虑和恐慌的主要原因。②

为了对企业家的权益进行更好的保护，我们党多次强调保护企业产权。2017 年 9 月 8 日发布的《中共中央　国务院关于营造企业健

---

① 习近平:《在民营企业座谈会上的讲话》,《人民日报》2018 年 11 月 2 日，第 2 版。
② 杨庆虹:《新时代我国民营企业家权益保障问题研究》,吉林大学 2020 年硕士学位论文。

康成长环境弘扬优秀企业家精神更好发挥企业家作用的意见》指出：
"依法保护企业家财产权。全面落实党中央、国务院关于完善产权保护
制度依法保护产权的意见，认真解决产权保护方面的突出问题，及时
甄别纠正社会反映强烈的产权纠纷申诉案件，剖析侵害产权案例，总
结宣传依法有效保护产权的好做法、好经验、好案例。在立法、执法、
司法、守法等各方面各环节，加快建立依法平等保护各种所有制经济
产权的长效机制。"①2020 年，习近平总书记在企业家座谈会上指出，
依法平等保护国有、民营、外资等各种所有制企业产权和自主经营权。

（三）依法保护企业产权，增强企业家信心

在党中央的高度重视下，各地方政府、各部门依法保护企业家合
法权益。虽然当前仍有个别企业老板靠行贿、拉关系、偷税漏税等非
法手段获取不法收入，但我们决不能以偏概全。要看到绝大部分企业
家是通过合法经营、努力开拓来发展企业和积累财富的。为增强企业
家的安全感，必须加强对企业产权的保护，加大对企业家包括民营企
业家的人身、财产权利的保护力度。"绝不能单纯以国有资产流失为由
而损害民营企业和企业家的权益；绝不能单纯以维护公共利益为借口，
置民营企业和企业家的合法权益和正当诉求于不顾；绝不能因为中小
企业量小质弱，或者说它在当地经济中间占的份额并不大，或者是地
位无足轻重，而忽略它的正当权益的保护！"②

---

① 《中共中央 国务院关于营造企业家健康成长环境弘扬优秀企业家精神更好发挥企业家作用的
意见》，《中华人民共和国国务院公报》2017 年第 28 期。
② 《最高法：充分履行审判职能全面保护企业家合法权益》，光明网，2018 年 11 月 8 日，
https://politics.gmw.cn/2018-11/08/content_31924693.htm。

2020 年 5 月 28 日通过的《中华人民共和国民法典》规定:"民事主体的人身权利、财产权利以及其他合法权益受法律保护,任何组织或者个人不得侵犯。"只有在企业产权得到保护的情况下,企业家才能更安心地将精力投入企业生产、经营、创新,从而为社会主义建设做出更大的贡献。尤其是进入新时代,为推动高质量发展,有效应对国内外的各种挑战、保持市场经济的良好运行,更是必须进一步完善产权保护制度,筑牢产权保护的政策和法律屏障,增强企业家的信心。

二、依法保护企业家创新权益

企业家最本质的精神就是创新。如果缺少创新精神,企业就失去前进的动力,随着产品周期的缩短,企业的经营状况必然走下坡路。进入新时代,企业家精神正被赋予新的使命。新环境、新趋势要求企业家成为创新的先行者和引领者,成为创新氛围的营造者。

(一)我国自主创新能力的提高需要企业家的创新精神

根据世界知识产权组织发布的《2023 年全球创新指数》报告,我国创新指数排名第 12 位,而在 2015 年,我国的排名还在第 29 位。我国还在多个领域表现出领先优势,是跻身综合排名前 30 位的唯一中等收入经济体。

从我国与创新有关的各项指标来看,近年来尤其是"十三五"期间,我国自主创新能力有了很大提升。2015 年我国全社会研发经费支出为 1.42 万亿元,2019 年增长至 2.21 万亿元,"十三五"期间整体增长幅度达 55.6%；2015 年我国基础研究经费为 716.1 亿元，2019 年达到 1335.6 亿元，增长幅度达 86.5%；2015 年我国技术市场合同成交额为 9835.79 亿元，2019 年达到 22398.4 亿元，增长幅度达 127.7%；2015 年我国研发投入强度为 2.06%，2019 年提升至 2.23%；2015 年我国研发人员全时当量为 376 万人／年，2019 年达到 480 万人／年，"十三五"期间增长幅度达 27.7%；2015 年每万名就业人员中研发人员数量为 48.5 人／年，2019 年增加至 62 人／年，增长幅度达 27.8%。另外，根据《中国创业孵化发展报告 2020》的统计，截至 2019 年底，全国创业孵化载体数量达到 13206 家，其中孵化器 5206 家、众创空间 8000 家。[①]

在看到成就的同时，我们必须清醒地认识到，我国的自主创新能力与发达国家相比还有很大差距，许多关键技术仍然受到制约。如今我国经济已进入新常态，其关键特征就是从要素驱动、投资驱动转向创新驱动。习近平总书记强调，必须把创新摆在国家发展全局的核心位置。

要提高自主创新能力，不仅要发挥科研机构的作用，更要发挥企业的作用。必须通过深化改革，进一步打通科技和经济社会发展之间的通道，让市场真正成为配置创新资源的力量，让企业真正成为技术创新的主体。尤其是对于具有资金和人才优势的国有企业，更要建立一种鼓励自主创新的机制，使其能够引领战略性产业的技术创新。

创新是企业家精神的重要体现。企业家的创新是多方面的，既包含对现有产品不断进行改良的连续型创新，也包含彻底突破现有产品、

---

① 关成华：《中国创新能力的现状研判与前景展望》，《人民论坛》2020 年第 36 期。

创造全新产品的创新，还包含管理模式的创新，等等。对于优秀的企业家来说，他们能看到大多数人看不到的产业前景，更能凭借自己对企业的引领力去激励企业员工进行创新，组织企业与科研机构、院所的合作，促进科技成果的转化。这些对于提高我国的自主创新能力都是非常重要的。

(二) 加强对企业家创新权益的保护

要提高企业家创新的意愿和能力，就必须对企业家的创新权益进行保护。党的十八大以来，我国更加重视对创新权益的保护，知识产权的相关法律日益完善。

在《中共中央　国务院关于营造企业家健康成长环境弘扬优秀企业家精神更好发挥企业家作用的意见》中，指出要"依法保护企业家创新权益。探索在现有法律法规框架下以知识产权的市场价值为参照确定损害赔偿额度，完善诉讼证据规则、证据披露以及证据妨碍排除规则。探索建立非诉行政强制执行绿色通道。研究制定商业模式、文化创意等创新成果的知识产权保护办法"①。习近平主席在博鳌亚洲论坛2018 年年会开幕式的主旨演讲中指出："加强知识产权保护。这是完善产权保护制度最重要的内容，也是提高中国经济竞争力的最大激励。"②2020 年习近平总书记在企业家座谈会上的讲话中强调，加强产权和知识产权保护，形成长期稳定发展预期，鼓励创新、宽容失败，营造激

---

① 《中共中央　国务院关于营造企业家健康成长环境弘扬优秀企业家精神更好发挥企业家作用的意见》，《中华人民共和国国务院公报》2017 年第 28 期。
② 《习近平在博鳌亚洲论坛 2018 年年会开幕式上的主旨演讲》，新华网，2018 年 4 月 10 日，http://www.xinhuanet.com/politics/2018-04/10/c_1122659873.htm。

励企业家干事创业的浓厚氛围。

为全面贯彻党的十九大精神，落实《中共中央 国务院关于营造企业家健康成长环境弘扬优秀企业家精神更好发挥企业家作用的意见》的要求，营造保护企业家合法权益的法治环境，支持企业家创新创业，最高人民检察院 2017 年向各省、自治区、直辖市人民检察院，解放军军事检察院，新疆生产建设兵团人民检察院下发《最高人民检察院关于充分发挥职能作用营造保护企业家合法权益的法治环境支持企业家创新创业的通知》（以下简称《通知》）。《通知》指出，检察机关作为国家的法律监督机关，要把依法保护企业家合法权益的理念贯穿检察工作的各个环节，切实发挥社会主义法治对企业家合法权益的保障作用。其中特别提到要加大惩治侵犯产权犯罪力度，切实维护企业家财产权、创新权益及经营自主权等合法权益。加强审查逮捕、起诉工作，确保依法、准确、及时、有效打击侵犯企业家财产权、创新权益及经营自主权等犯罪，平等保护各种所有制经济产权。依法惩治侵犯企业知识产权等各类产权、背信损害企业利益以及其他严重扰乱市场秩序的犯罪，有力维护健康有序的市场秩序，营造促进企业家公平竞争、诚信经营的市场环境。①

最高人民法院下发了《关于充分发挥审判职能作用为企业家创新创业营造良好法治环境的通知》（以下简称《通知》），指出要充分发挥审判职能作用，依法平等保护企业家合法权益，为企业家创新创业营造良好法治环境。《通知》特别提到要依法保护企业家的知识产权；完

---

① 最高人民检察院:《最高人民检察院关于充分发挥职能作用营造保护企业家合法权益的法治环境支持企业家创新创业的通知》,《中华人民共和国最高人民检察院公报》2018 年第 2 期。

善符合知识产权案件特点的诉讼证据规则，着力破解知识产权权利人"举证难"问题；推进知识产权民事、刑事、行政案件审判三合一，增强知识产权司法保护的整体效能；建立以知识产权市场价值为指引，补偿为主、惩罚为辅的侵权损害司法认定机制，提高知识产权侵权赔偿标准；探索建立知识产权惩罚性赔偿制度，着力解决实践中存在的侵权成本低、企业家维权成本高的问题；坚持依法维护劳动者合法权益与促进企业生存发展并重的原则，依法保护用人单位的商业秘密等合法权益。

2020 年 11 月 16 日，最高人民法院发布《关于知识产权民事诉讼证据的若干规定》，针对知识产权民事诉讼中的权利人"举证难"、证据保全、司法鉴定、商业信息保密措施等内容进行了详细规定。在 2019 年 4 月 23 日新修正的《中华人民共和国商标法》中，将恶意侵犯商标专用权的赔偿数额由 3 倍提到 5 倍以下，并调高法定赔偿数额上限，从 300 万元提高到 500 万元。这些举措大大提升了侵犯知识产权的成本，降低了维权的难度，有效加大了对企业家创新权益的保护力度。

当然，在通过法律措施来保护企业家创新权益的同时，政府也要积极制定支持鼓励企业家创新行为的政策，为其提供资金和人力支持，营造鼓励创新的社会氛围。尤其是在关系国计民生和产业命脉的领域，政府要积极作为，加强支持和协调，总体确定技术方向和路线，用好国家科技重大专项和重大工程等抓手，集中力量抢占制高点。政府的支持不仅表现在要给予各项政策优惠，还要支持企业与科研院所、高校等按照市场机制建立长期稳定的合作关系，鼓励科技人员向企业聚集，并在重大创新领域组建一批国家实验室，积极提出并牵头组织国际大科学计划和大科学工程。通过政府的支持和引领作用，加快形成有利于创新发展的环境与机制。

三、依法保护企业家的自主经营权

自主经营权是发挥企业家管理经营能力、培育企业家精神的基础。没有经营的自主权，不能自主对企业经营做出各项决策，企业家精神不可能激发出来。

(一) 企业家自主经营权的表现

企业家的自主经营权包括很多方面，从市场准入到企业经营、退出市场等，企业家都要有自主权。

1. 建立完善的市场准入制度

在市场准入方面，以前我国采取的是"正面清单"方式，即政府允许的市场准入主体、范围、领域等均以清单方式列明。然而，这一方式可能导致市场主体的经营自主权受到限制，存在市场准入门槛过高、创办企业相关程序复杂等问题。对此，我国在市场准入方面开始由"正面清单"转向"负面清单"制度。党的十九大报告指出，"全面实施市场准入负面清单制度，清理废除妨碍统一市场和公平竞争的各种规定和做法"。相比正面清单，负面清单是一种更加开放、更加包容和更加透明的市场准入管理模式。它是用清单的方式明确列出在我国境内禁止和限制投资经营的行业、领域和业务等，对企业来说，不在清单内的都可以经营，亦即"法无禁止皆可为"。2016年负面清单制度开始实行，2018年12月正式发布了全国统一的市场准入负面清单。经过3年的落地实施，在全国范围确立了市场准入环节的负面清单管理模式。

2. 尊重企业家的经营自主权

在企业经营方面，对于企业的内部管理、人事安排与任用、员工薪酬等，必须充分尊重企业家的自主权，以激发和保护企业家精神。同时，对于企业的生产，政府可以通过相关激励政策引导产业升级，完善有关产品质量、环保及安全的相关标准的制定，以确保企业生产的产品符合社会发展的需要，但政府不能直接干预企业的生产过程，要通过市场的优胜劣汰来化解过剩产能，实现产业升级。

3. 完善市场退出制度

在企业退出市场方面，建立完善的市场退出制度是保护企业家自主经营权的一个方面。市场退出法律制度是市场经济成熟的重要标志。2006年8月27日通过的《中华人民共和国企业破产法》是基本的市场退出法。2017年8月最高人民法院印发的《关于为改善营商环境提供司法保障的若干意见》规定，加强破产制度机制建设，完善社会主义市场主体救治和退出机制；积极探索根据破产案件的难易程度进行繁简分流，推动建立简捷高效的快速审理机制。

（二）保护企业家自主经营权的举措

目前我国对企业家经营自主权的保护已日益完善，但在某些地方、某些领域仍存在侵犯企业家经营自主权的问题。个别相关部门仍然对企业的生产经营进行干预，使企业合法权益受到侵犯，致使企业生产经营出现困难。部分行业协会存在组织形式不合理、管理不规范等问题，也会不恰当地出现干预企业生产经营的行为。

《中共中央 国务院关于营造企业家健康成长环境弘扬优秀企业家精神更好发挥企业家作用的意见》指出，企业家依法进行自主经营活动，各级政府、部门及其工作人员不得干预。为落实这一精神，保护企业家的自主经营权，各地方政府纷纷出台相关规定。如贵州省人民政府明确依法保护民营企业和企业家产权等13项重点任务，包括：依法保护民营企业和企业家产权、民营企业自主经营权。在依法使用搜查、查封、扣押等强制性措施时，最大限度减少对产权主体合法权益和正常经营活动的损害及影响。企业依法进行自主投资活动，各级政府、各类社会组织不得干预。[①] 天津市委、天津市人民政府规定，各级政府、部门及其工作人员不得随意干预企业依法经营活动。依法清理和规范企业办理各类行政许可事项中需由中介机构出具的要件，加强对中介机构提供行政许可要件的规范管理和评价考核。全面实施涉企收费目录清单管理，凡目录清单之外收费一律不得执行，企业应拒绝缴纳。各级党委、政府部门不得以评比、达标、表彰等任何形式向企业收取费用或变相收费。依法保障企业自主加入或退出行业协会商会的权利。市、区两级促进民营经济发展服务中心增设涉企收费处罚投诉举报职能，完善投诉受理工作机制，建立全市统一的企业维权服务平台。

---

① 王培佳：《贵州：保护民营企业产权和自主经营权》，《中国产经新闻》2018年3月21日，第6版。

国有企业自主经营权也在日益放开。2017年制定的《国务院国资委以管资本为主推进职能转变方案》（以下简称《方案》）提出，减少对企业内部改制重组的直接管理，不再直接规范上市公司国有股东行为；企业集团内部国有股东所持有上市公司股份流转、国有股东与上市公司非重大资产重组、国有股东通过证券交易系统转让一定比例或数量范围内所持有上市公司股份等事项下放给企业集团，并将地方国有上市公司的国有股权管理事项的审批权限下放给省级国资委。《方案》对国务院国资委的职能作出规定：国务院国资委作为国务院直属特设机构，根据授权代表国务院依法履行出资人职责，专司国有资产监管，不行使社会公共管理职能，不干预企业依法行使自主经营权。

第三节　构建亲清政商关系

良好的政商关系是优化营商环境、营造良好的社会风气、为企业家创造良好发展氛围的保障。我国以"亲""清"定位新型政商关系，使双方都有规可依、有度可量，更给双方处理相互间的关系指明了方向，划出了底线，对企业家的发展十分重要。

一、亲清政商关系的提出

政商关系一直是一个非常复杂的问题。二者关系处理不好，就会导致政商勾结、行贿受贿等腐败现象。古今中外，这种状况屡见不鲜。《2014年中国企业家犯罪（媒体样本）研究报告》就指出，在当年度的企业家犯罪案例中，一个突出的特点就是政商勾结、群体腐败现象严重。政商勾结不仅给权力寻租创造客观便利，败坏政风，严重破坏公平竞争的交易秩序，还使财富固化，市场调节、分配资源的功能减弱，造成市场自生机能的萎缩，这对于市场经济的发展具有致命的破坏性。这种现象也不利于企业家精神的培育，甚至会导致企业家走向歧途。真正致力于企业创新和发展的企业家都希望在一个良好的政商环境下进行企业经营。

现实的发展对构建新型的政商关系提出了迫切的要求。正是在这种背景下，习近平总书记在2016年3月4日看望出席全国政协十二届四次会议的民建、工商联界委员时首次用"亲""清"定调新型政商关系。对领导干部而言，"亲"就是坦荡真诚同民营企业接触交往，帮助解决实际困难；"清"就是清白纯洁，不搞权钱交易。对于民营企业家来说，就是讲真话说实情建诤言，遵纪守法办企业、光明正大搞经营。① 党的十九大报告强调："构建亲清新型政商关系，促进非公有制经济健康发展和非公有制经济人士健康成长。"此后，在党的文件中也多次强调要完善构建亲清政商关系的政策体系。

实际上，在提出亲清政商关系之前，习近平总书记就一直非常关注政商关系。早在2004年担任浙江省委书记期间，习近平同志就撰文指出："浙江民营经济比较发达，各级领导干部一方面要支持民营

---

① 《习近平看望出席全国政协十二届四次会议民建、工商联界委员并参加联组讨论》，新华网，2016年3月4日，http://www.xinhuanet.com/politics/2016lh/2016-03/04/c_1118236318.htm。

企业发展，要亲商、富商、安商；另一方面，同企业家打交道一定要掌握分寸，公私分明，君子之交淡如水。"[①] 2013 年 3 月 8 日，习近平总书记在参加十二届全国人大一次会议江苏代表团审议时告诫各级领导干部，面对纷繁的物质利益，要做到君子之交淡如水，"官""商"交往要有道，相敬如宾，不要勾肩搭背、不分彼此，要划出公私分明的界限。

党中央自十八大以来出台了一系列法规制度，如《关于进一步规范党政领导干部在企业兼职（任职）问题的意见》等，旨在筑牢预防官商勾结的"防火墙"。自党的十八大以来，党中央全面从严治党，对腐败采取高压态势，坚持"老虎""苍蝇"一起打。党的十九大后推行国家监察体制改革，2018 年 3 月召开的十三届全国人大一次会议通过了《中华人民共和国监察法》，国家监察委员会挂牌成立。党的十九大以来，截至 2019 年 6 月，全国纪检监察机关共接受信访举报 553.1 万件次，处置问题线索 280.6 万件，谈话函询 58.7 万件次，对 86.3 万名党员作出党纪处分，对 22.5 万名公职人员作出政务处分。[②] 这些举措使腐败势头被有效遏制，为构建亲清政商关系提供了有力的保障。

二、亲清政商关系的构建

构建亲清新型政商关系，为正确处理政府与企业关系、支持企业发展、激励企业家创新创业提供了思想和行动指南。那么，这种新型

---

① 习近平：《之江新语》，浙江出版联合集团、浙江人民出版社 2007 年版，第 38 页。
② 《暗号密谈、政商勾结……看这些落马官员如何现身说法》，新民周刊（百度百家号客户端），2020 年 1 月 15 日，https://baijiahao.baidu.com/s?id=1655777495939589020&wfr=spider&for=pc。

政商关系具体要如何构建呢？

《中共中央 国务院关于营造企业家健康成长环境弘扬优秀企业家精神更好发挥企业家作用的意见》中指出，畅通政企沟通渠道，规范政商交往行为。各级党政机关干部要坦荡真诚同企业家交往，树立服务意识，了解企业经营情况，帮助解决企业实际困难，同企业家建立真诚互信、清白纯洁、良性互动的工作关系。鼓励企业家积极主动同各级党委和政府相关部门沟通交流，通过正常渠道反映情况、解决问题，依法维护自身合法权益，讲真话、谈实情、建净言。引导更多民营企业家成为"亲""清"新型政商关系的模范，更多国有企业家成为奉公守法守纪、清正廉洁自律的模范。

2020 年 7 月 21 日，习近平总书记主持召开企业家座谈会时指出，构建亲清政商关系。各级领导干部要光明磊落同企业交往，了解企业家所思所想、所困所惑，涉企政策制定要多听企业家意见和建议，同时要坚决防止权钱交易、商业贿赂等问题损害政商关系和营商环境。①

（一）构建亲清政商关系要遵循"亲"的原则

构建亲清政商关系首先要遵循"亲"的原则。如果政商关系不亲，政府与企业之间存在隔膜甚至猜疑，那么政府就不会了解企业家的需求，不会主动服务企业，而企业家在干事创业时也会充满疑虑，在发展遇到困难时缺少信心，不敢向政府寻求支持，在发现机遇时也可能会因担心违背政府的政策而不敢冒险，最终使企业家精神无法弘扬，使企业错失发展机遇。

---

① 习近平:《在企业家座谈会上的讲话》,《人民日报》2020 年 7 月 22 日, 第 2 版。

中国共产党是中国工人阶级的先锋队，同时是中国人民和中华民族的先锋队，是中国特色社会主义事业的领导核心。我们党一直强调要保持党和人民群众的血肉联系，厚植党执政的群众基础。中国共产党党员干部不能凌驾于人民群众之上，也不能脱离人民群众，而要始终坚持为人民服务，为人民群众办实事、做好事。在政商关系中同样如此。党员干部不能高高在上，成为不了解企业家所思所想的官僚，而是要遵循"亲"的原则。

对党政干部来说，"亲"是指亲切、亲和，是与企业家坦诚相待，帮助企业家解决企业发展中的问题和难题，真心实意地支持企业家的发展。在企业发展过程中，要多关心。企业遇到困难时，要积极提供帮助，解决困难，多和企业家沟通交流，以便及时掌握企业发展态势。

对企业家来说，"亲"表现为相信政府，愿意与政府多交流、沟通。企业家不能把党员干部视为与自己无关的群体，要坦诚相待，多多交流，能够将企业经营发展中遇到的困难以及希望政府帮助解决的问题讲出来，从而形成政商之间的良性互动。

遵循"亲"的原则是我们党坚持以人民为中心的必然要求。我们党历来坚持全心全意为人民服务的宗旨，强调保持同人民群众的血肉联系。1946年3月，跟随美国总统特使马歇尔访问延安的记者这样描述："在延安听到的最多的一个词，就是'人民'……中国人民如何，世界人民如何。'到人民中去''向人民学习'，这些都是口号，但又包含着比口号更深的含义，代表着一种极深的感情，一种最终的信念。"[1]

---

[1] 任晓山：《人民是历史的创造者，人民是真正的英雄》，中国新闻网，2020年3月20日，https://www.chinanews.com/ll/2020/03-20/9132565.shtml。

从新民主主义革命时期到社会主义革命和建设时期，从改革开放和社会主义现代化建设新时期到中国特色社会主义新时代，我们党始终坚持这一宗旨，坚持以人民为中心。中国特色社会主义进入新时代，随着我国社会主要矛盾的变化，以人民为中心，发展为了人民，发展依靠人民，发展成果由人民共享，更成为解决我国发展不平衡不充分问题的基石。必须把为人民谋幸福作为检验改革成效的标准，让改革开放成果更好惠及广大人民群众。

　　作为各种产品与服务的生产者与提供者，企业家必须了解人民群众的需求，才能使企业的生产经营更为顺畅。企业家也是人民群众中的一员，因此，政商关系中"亲"就成为必然。在处理政商关系时必须践行全心全意为人民服务的根本宗旨，要聚焦人民群众的根本利益。无论是"政"还是"商"都要把多为人民谋利益、多为人民群众解决问题作为目标。政府官员要把"权为民所用，情为民所系，利为民所谋"作为自己处理"政""商"关系的准则，内化成坚定的信念，外化成实际的行动。[1] 基于此，一位干部在谈到招商引资时说："只要不是为个人谋利益，就应大胆与企业家接触，与企业家交朋友。只要企业家找我，工作再忙也要接待；只要企业家有困难，困难再大也要千方百计协调解决。"[2]

① 王梦莹、孙厚权:《"亲""清"新型政商关系的建设路径研究》,《湖北工业大学学报》2019年第6期。
② 李洪兴:《把亲和清统一起来》,《人民日报》2020年6月17日，第4版。

（二）构建亲清政商关系要遵循"清"的原则

在构建亲清政商关系时，既要遵循"亲"的原则，也要遵循"清"的原则。"亲"并不是没有底线、没有界限的，更不是没有党性的。党员干部在同企业家交往时，必须做到清清白白，清正廉洁，不能搞权钱交易，以权谋私。这一底线必须坚守。要做到以"亲"来密切政商关系，以"清"来规范政商关系，二者缺一不可。如果政商关系不清，政商交往充斥各种潜规则和利益交换，就会破坏市场公平、公开、公正的原则，损伤企业家精神。

中国共产党自建党伊始，就坚持清正廉洁的优良作风。在建军初期，"三大纪律八项注意"就规定，不拿群众一针一线。在中国特色社会主义现代化建设过程中，我们党一直强调保持清正廉洁的政治本色，广大党员尤其是领导干部要严于律己，心存敬畏，慎独慎微，遵守党纪国法，坚持"公权为民"，树立正确的权力观、地位观和利益观，做到为政清廉。然而，随着时代的发展，一部分党员干部丧失了理想信念，为了满足个人私利，与商人勾肩搭背、称兄道弟，搞利益输送，在见不得光的交易中各取所需，最终不仅使自己身陷囹圄，也带坏了社会风气。只有建立清之又清的政商关系，让党员干部管住自己的嘴，拴住自己的手，才能使企业家真正信赖和依靠政府，使企业在良好的社会氛围中成长。正如习近平总书记在 2015 年 9 月 22 日接受《华尔街日报》采访时所指出的："惩治腐败，打击权力寻租，可以推动建设廉洁政府，推动清除阻碍市场机制运行的障碍，促进规则公平，创造更好的投资营商环境。"①

对于企业家来说，"清"要求坚持光明正大搞经营，遵纪守法办企业。在经营企业过程中，企业家必须自律，不能跨越雷池，做违法乱纪的事，要树立正确的义利观，靠管理、靠创新、靠服务、靠产品实现企业的内涵式发展，使企业通过合规合法的途径不断壮大。

只有以"亲""清"为原则构建新型政商关系，坚持"亲""清"的相互统一，才能使政府的政策真正为企业家服务，激励企业家为推动经济社会发展做出更大的贡献，形成二者合力推动中国经济社会发展的局面。

（三）构建亲清政商关系要破除两个误区

在构建新型政商关系时，必须破除两个误区。

一是"清"是"不为"。有部分领导干部认为政商关系蕴含着不确定性，因而选择远离企业家，对企业家不理不睬，对其正当诉求不予解决，这并不是"清"，而是典型的懒政怠政和"为官不为"。习近平总书记指出，当前"为官不为"主要有 3 种情况：一是能力不足而"不能为"，二是动力不足而"不想为"，三是担当不足而"不敢为"。② 在社会主义市场经济体制下，政府是"有为政府"，党政领导干部也要有担当有作为。在 2018 年的民营企业座谈会上，习近平总书记强调："我们要求领导干部同民营企业家打交道要守住底线、把好分寸，

① 《坚持党的领导 习近平总书记在国际上是怎么讲的》，中华人民共和国国务院新闻办公室，2016 年 2 月 17 日，http://www.scio.gov.cn/tt/Document/1468735/1468735.htm。
② 《习近平谈治国理政》第二卷，外文出版社 2017 年版，第 224 页。

并不意味着领导干部可以对民营企业家的正当要求置若罔闻，对他们的合法权益不予保护，而是要积极主动为民营企业服务。各相关部门和地方的主要负责同志要经常听取民营企业反映和诉求，特别是在民营企业遇到困难和问题情况下更要积极作为、靠前服务，帮助解决实际困难。"①

二是"亲"是不正当的政商关系。我们强调领导干部要亲近企业家，但并不是要结成不正当利益关系，如封建官僚和"红顶商人"之间的关系，西方一些国家大财团和政界之间的关系，吃吃喝喝、酒肉朋友的关系。在同企业家打交道时，领导干部必须把握好分寸，守住底线。

（四）构建亲清政商关系的途径与实践

政商关系涉及政府与企业两个维度，但从根本上来说，构建亲清政商关系重点在政府。政府要建立畅通的沟通渠道，制定完善的涉企政策与机制，使政商关系在良好的制度平台上运行。

1.畅通政商沟通的渠道

畅通政商沟通的渠道是构建亲清政商关系的基础。《中共中央 国务院关于营造更好发展环境支持民营企业改革发展的意见》指出，"地方各级党政主要负责同志要采取多种方式经常听取民营企业意见和诉求，畅通企业家提出意见诉求通道。鼓励行业协会商会、人民团体在畅通民营企业与政府沟通等方面发挥建设性作用，支持优秀民营企业家在群团组织中兼职"。

---

① 习近平：《在民营企业座谈会上的讲话》，《人民日报》2018年11月2日，第2版。

新型政商关系的构建必须基于完善的政商沟通渠道。如果政商沟通渠道不畅,就会导致企业家的意见无法向政府反映,而政府制定的举措也会与企业家的实际需求出现脱节与错位。为建立通畅的沟通渠道,各地政府都制定了相应的措施。

福州市把亲清政商关系专题列入非公经济人士理想信念教育的重要内容,通过邀请专家做报告和讲课,组织企业家旁听涉企案件庭审、参观廉政警示教育基地,向广大非公企业开展普法教育等方式,引导企业家把握国际国内政治经济形势、了解国家相关政策信息,加强对民营企业家特别是年轻一代企业家的守法诚信教育。同时,强化政府的服务意识,在福州市市民服务中心大楼楼顶,"马上就办 真抓实干"8个大字让市民和企业家真切感受到政府为人民服务的决心和意识。

宁波市宁海县按照"党委领导、部门联建、社会运作"的原则,积极整合社会资源,把建好"亲清家园"作为构建亲清政商关系、优化营商环境的重要举措,在原宁海县社会与经济服务中心的基础上,打造了实体化、枢纽化、专业化的亲商平台——宁海亲清家园。

2. 完善涉企政策的制定和执行机制

构建亲清政商关系,必须完善涉企政策的制定和执行。制定实施涉企政策时,要充分听取相关企业意见建议。

近年来,为了压减企业开办时间,简化创办企业的流程,国务院办公厅 2018 年 5 月印发了《关于进一步压缩企业开办时间的意见》。2018 年 6 月,国务院办公厅印发《进一步深化"互联网 + 政务服务"推进政务服务"一网、一门、一次"改革实施方案》,对政务服务进行升级。2018 年 8 月，国务院办公厅印发《全国深化"放管服"改革转变政府职能电视电话会议重点任务分工方案》，对创办企业的流程进行压减。

在党中央的号召下，各地大力推进"多证合一""证照分离"等，为企业提供便利。许多地方都出现了"一站式服务""一证通办""一网通办"，形成"最多跑一次"的强劲热潮。如北京市"e 窗通"服务平台，实现了企业开办网上"一窗"填报，包括申请营业执照、刻制公章、领用发票、"五险一金"登记、银行预约开户，通过数据实时对接，提高企业开办效率。企业可以全程网上办理营业执照，"一天拿执照，三天全办好"，将企业开办的时长从 5 天压缩到 3 天以内。

浙江余杭经济技术开发区（钱江经济开发区）为优化营商环境，推出了"承诺制审批"等。开发区始终坚持主动走出去，以深入企业、现场办公的上门式服务，第一时间了解企业需求，积极帮助民营经济解决发展中的困难。开发区提出，要"像爱护眼睛一样爱护民营经济，像善待亲人一样善待民营企业"，优化为企服务，用心用情精准施策，助力民营经济高质量发展。许多企业家都说，开发区对于民营企业非常支持，经常主动打电话给企业帮忙解决难题。因此，开发区吸引了越来越多的企业进驻。

3. 创新服务模式，提升政府服务能力

如今，许多地方政府都拟定了政商交往的正负面清单，通过清单制度规范政府服务事项。

四川省纪委监委印发《关于服务保障民营经济健康发展的十八条措施的通知》，提出对照政商交往正负面"清单"，旗帜鲜明支持鼓励

公职人员帮助民营企业争取政策、项目和资金，为企业发展提供信息咨询、政策解读。据此，四川各地都拟定相关清单。如四川省绵阳市游仙区纪委监委牵头制定了《绵阳市游仙区构建亲清政商关系正负清单》，明确了什么可以做，什么不能做。

浙江省温州市开展"三清单一承诺"行动。"三清单"分别是机关单位及其工作人员政商交往"正面清单"、机关单位及其工作人员政商交往"负面清单"、清廉民企建设"引导清单"，每张清单各 7 条。"一承诺"是指开展反对"挈篮子（办事托人打招呼）"承诺，着力规范政商交往行为。在"正面清单"中，特别强调优化涉企服务，为民营企业和温商回归项目提供全方位支持；主动向民营企业提供有效的政策解读与明确指引，帮助企业争取各类扶持政策；坚持实事求是、尊重历史，在法律法规允许的范围内，及时解决民营企业各类历史遗留问题。"负面清单"则主要包括涉企服务中故意刁难、办事拖拉、推诿扯皮；对民营企业随意性执法、选择性执法，向企业乱摊派、乱检查、乱收费、乱罚款；把政策优惠当成熟人的"福利""红包"，或以政策、纪律为借口把民营企业合理诉求拒之门外等。通过这一行动，逐渐形成"办事不求人"的社会氛围，构建更加开放融通的市场环境。[①]

山东青岛市于 2018 年 12 月出台《关于构建新型政商关系的意见》（以下简称《意见》）。《意见》一方面明确了政商交往的"负面清单"，提出"三个不"：不能有贪心私心、不能以权谋私、不能搞权钱交易，明确公职人员及家属坚决不得从事的几种涉企行为；开列"正面清单"，详细列举公职人员可以参加或组织的七类涉企活动，并建立容错

---

① 陆健：《"三清单一承诺"构建"亲清"政商关系》，《光明日报》2019 年 3 月 24 日，第 3 版。

机制，鼓励支持公职人员大胆与民营企业及企业家正常接触交往。《意见》同时提出建立失廉惩戒机制，对政商交往中行为失范的企业及企业主明确惩戒措施，双向规范政、商交往行为。2020 年 1 月，青岛市进一步出台《弘扬优秀企业家精神支持企业家创新创业创造的若干规定》，从读懂、尊重、激励、保护、关爱、保护企业家及让企业家舒服舒心等 7 个方面，提出了 35 条政策措施，目的是"读懂企业家、尊重企业家"。

还有的地方为构建"亲""清"新型政商关系，推出了"早餐会"。在政府食堂，相关部门的负责人和企业家同桌吃早餐，谈问题、说想法，饭还没吃完，解决难题的办法就已经在酝酿了。有企业家说："早餐会看着事不大，却是个桥梁，搭建起了政商、政企之间的直通车。"这早餐无非就是米粥、豆浆，清清白白；餐桌也是方形的，方方正正。政商关系越亲越清、越清越亲，正在于此。[①]

4.建立政府诚信履约机制，有效监督政府行为

建立政府失信责任追溯和承担机制，对政府的行为进行有效监督。

在民营企业众多的浙江省，对吃拿卡要等行为以多种方式进行监督。如杭州市滨江区纪委监委基于杭州市"亲清在线新型政商关系数字平台"，打造了"廉通企业"监督管理系统。"廉通企业"监督平台将企业的诉求反映从大量的普通信访举报中剥离出来，针对民营、小微企业在生产经营中发现的政府职能部门形式主义、官僚主义，利用职权吃拿卡要等六大类问题进行"直通车"式受理。

---

① 李洪兴：《把亲和清统一起来》，《人民日报》2020 年 6 月 17 日，第 4 版。

第五章
弘扬企业家精神，推进社会主义现代化建设

改革开放以来，一大批优秀企业家在市场竞争中迅速成长，为我国积累社会财富、创造就业岗位、促进经济社会发展、增强综合国力等做出重要贡献。新时代新征程上，无论是国有企业家还是民营企业家，都要抓住机遇，大力弘扬企业家精神，顽强拼搏、勇于担当，做爱国敬业、守法经营、创业创新、回报社会的典范。

第一节　把国有企业做强做优做大，
筑牢中国特色社会主义的重要物质基础和政治基础

国有企业是中国特色社会主义的重要物质基础和政治基础，是我们党执政兴国的重要支柱和依靠力量。在我国社会主义现代化建设中，国有企业是支撑和确保现代化经济体系的社会主义性质和方向的基础。因而，弘扬企业家精神，做强做优做大国有企业，对于社会主义现代化建设具有极其重要的作用。

一、国有企业是中国特色社会主义的重要物质基础和政治基础

公有制为主体、多种所有制经济共同发展是我国的基本经济制度。我国的现代化经济体系建立在这一基本经济制度之上。在这一体系中，国有企业发挥着重要作用，它不仅是支撑和确保现代化经济体系的社会主义性质和方向的基础，也是联通物质生产各环节、各领域的渠道，在国家经济调控中发挥着重要作用。

（一）国有企业在国民经济占据重要地位

从新中国成立初期开始，我国就十分重视国有企业的发展。尤其

是在当时中国一穷二白的情况下，国有经济和国有企业对我国集中力量迅速发展生产力起到了非常重要的作用。改革开放后，多种所有制经济共同发展的前提也是坚持公有制为主体，而公有制最主要的实现形式就是国有企业。

2014年8月，习近平总书记主持召开中央全面深化改革领导小组第四次会议时指出，国有企业特别是中央管理企业，在关系国家安全和国民经济命脉的主要行业和关键领域占据支配地位，是国民经济的重要支柱，在我们党执政和我国社会主义国家政权的经济基础中也是起支柱作用的，必须搞好。[①] 在2016年10月召开的全国国有企业党的建设工作会议上，习近平总书记强调，国有企业是中国特色社会主义的重要物质基础和政治基础，是我们党执政兴国的重要支柱和依靠力量。这一定位明确了国有企业在我国的重要基础地位和重大历史作用，指明了社会主义市场经济条件下发展国有企业关系公有制主体地位的巩固。在社会主义制度下，只有国有企业稳步发展，才能保证公有制主体地位不动摇，才能保证中国特色社会主义的社会主义性质。

（二）必须加强国有企业发展

改革开放后，一些人以所谓的"国有企业效率低"为由主张"国退民进"，力图在中国推行私有化。对此，有学者通过分析国有企业的发展数据，驳斥了这一谬论，并指出：注重社会经济活动的整体效率，是国有经济高效率的内在本质。1998—2006年，国有企业工业增加值

[①]《习近平主持召开中央全面深化改革领导小组第四次会议》，中国政府网，2014年8月18日，http://www.gov.cn/xinwen/2014-08/18/content_2736451.htm。

增长率均维持在 30% 以上，而同期私营企业的增长率仅为 25% 左右；2005 年和 2006 年国有企业的成本费用利税率分别达 8.44% 和 7.09%，而私人企业则仅为 4.93% 和 5.27%。我国经济中技术要求较高的生产资料、技术产品和重要消费品的生产领域，如石油、电力、钢铁、煤炭、大型专用机械设备等，80% 以上都是由国有企业提供。纺织品、化肥、农药、大型农业机械，也主要是由国有及国有控股企业提供。可以说，国有企业承担了现代化建设中绝大多数重大的先进工程和技术项目。2006—2009 年，中央企业科研投入年均增幅达 37.3%，33 家中央企业被命名为国家级创新企业，46.2% 的国家重点实验室建立在中央企业，国家科技进步特等奖全部由中央企业获得。在微观层面，从国有经济的活力、产品质量、发展后劲、职工生活水平等方面看，我国国有经济的效率指标也明显高于非公有制经济。[①]

当然，由于我国国有企业承担着协调区域经济平衡发展、应对和防御各种自然灾害、扶贫帮困、支持国防布局建设、维护社会稳定和国家安全等社会职能，其负担相对民营企业要重很多，因此从表面看部分企业效率可能并不是很高，但给全社会的发展带来了无可比拟的高效益。尤其是在我国调整和优化产业结构、推动创新发展、加快经济转型升级等方面，国有企业更是重要的推动者和实施者，其重要性不容置疑。在建设现代化经济体系时，必须加强国有企业发展。如果国有企业发展不好，公有制丧失主体地位，那么社会主义经济基础就会变质，现代化经济体系的社会主义性质根本无法保障。

---

① 程恩富、郡杰:《评析"国有经济低效论"和"国有企业垄断论"》,《学术研究》2012 年第 10 期。

二、国有企业也有企业家和企业家精神

对于国有企业家及国有企业家精神，长期以来一直存在认识上的误区。在民营经济领域，人们对于企业家的存在并无疑虑，对民营企业家所表现出的企业家精神也给予了高度肯定。然而，对于国有企业是否有企业家，是否存在国有企业家精神，许多人都提出疑问。如有学者就认为，由于国企领导干部是由党的组织部门考察提名并由政府人事部门任命的，一些国有企业依旧按行政隶属关系和行政级别管理领导干部，因此，国企领导干部并不属于企业家精神的研究对象。[①] 当然，也有很多学者肯定国有企业家的存在，认为无论是国有企业还是民营企业，只要其经营管理者符合企业家的本质特征，就应该视为企业家，而不应该由企业的性质来决定，也不应该由他们是否为企业的所有者来决定。当然，在国有企业存在企业家的前提下，国有企业家精神的存在也毋庸置疑。

事实上，改革开放 40 多年来，我国国有企业的发展实践已经证明了国有企业拥有企业家和企业家精神，并在我国社会主义建设中发挥了重要作用。改革开放后，随着我国社会主义市场经济体制的建立和国有企业改革的不断深入，国有企业已发展成自主经营、自负盈亏、自我发展、自我约束的市场竞争主体，与民营企业一样，企业的经营管理者必须根据企业自身的状况和市场需求来进行经营决策，不断突破创新，使企业在市场竞争中生存与发展。因此，尽管国有企业的经营管理者并不是企业的所有者，但也是企业家，企业家精神也在这些

---

① 张维迎:《从制度环境看中国企业成长的极限》,《企业管理》2004 年第 12 期。

优秀的国有企业家身上不断涌现。他们勇于开拓创新，大胆进行企业改革，使国有企业管理体制、经营机制等更加符合时代的需要，在多行业和领域带领国有企业不断发展壮大。在 2018 年庆祝改革开放 40 周年大会上被授予"改革先锋"称号的人员中，有许多就是国有企业家的典型代表。这里我们可以来列举几个实例，看看企业家精神在这些国有企业经营管理者身上是如何体现的。

（一）罗阳：用生命践行航空报国的优秀代表

罗阳在 1982 年大学毕业后被分配到沈阳飞机设计研究所。1999 年，他出访美国时深刻感受到中国和国外顶尖航空制造企业间的差距，立志要让中国航空工业"飞"起来，"强"起来。2002 年 7 月，他调入沈阳飞机工业（集团）有限公司，历任集团的党委副书记、董事长、总经理，带领企业实现航空强国的目标。

作为沈飞的"掌舵人"，为推动企业发展，他在上任之初就提出"十个统筹"发展思路，整合"军机、民机、非航、通航、零部件"五大业务板块，创新打造战略中心型现代化企业。此后，他针对每年不同的工作重点，提出了管理的"四化"，即"严格化、精细化、规范化和标准化"，通过这"四化"来统领企业的各项管理工作。坚持以人为本，注重人才培养，始终把"人"作为企业的发展灵魂。在这种注重人的发展的氛围下，公司不仅培养了几十名领军人才，还涌现了多名全国技术能手、全国五一劳动奖章获得者。在对企业管理进行创新的同时，罗阳带领沈飞完成了歼 -15 舰载机等多个重点型号的研制并成功实现首飞和设计定型，推动着我国战斗机研制的进展，为国家航空武器装备发展做出了突出贡献。在他的带领下，沈飞驶入了持续跨越发展的快车道。在其任期内，沈飞的营业收入、工业总产值等主要指标提升了39.5%，利润提升了61.8%。

2012年，罗阳因心脏病突发倒在歼-15舰载机起降训练的工作岗位。那一年，他仅仅51岁。

（二）张进：国企"铁汉"，改革"闯将"

"全国优秀共产党员"张进曾历任重庆前卫科技集团有限公司执行董事、总经理，重庆船舶工业公司副总经理，中船重工（重庆）海装风电设备有限公司副总经理。

1987年，张进毕业后被分配到重庆前卫仪表厂。进厂后，他主动要求从机关科室调到条件艰苦的燃气表装配车间。工作期间，他一直把"公司的事当作自己家里的事来干"，即使是周末或节假日也忙着装配产品。2004年张进开始担任前卫仪表厂厂长。当时，前卫仪表厂产品结构单一，企业持续发展的能力不足。面对这种情况，张进主动出击，勇于改革，带领这个军工企业开始转型，实施军民融合改革发展。2006年，张进抓住重庆海装风电公司成立的契机，推动前卫仪表厂参股该公司。当时的前卫仪表厂员工到现在依然清晰记得张进的投入与勤奋，他们回忆时说，"那段时间，只要有一点时间，张总就把我们找到办公室，向他介绍风电产业的知识和市场前景，并提出各种各样的问题，有时问得我们目瞪口呆、抓耳挠腮"。正是靠着这种勤奋和投入，张进在短时间内从一个"门外汉"变成了"风电专家"，并主导前卫仪表厂投资成为重庆海装风电公司的第二大股东，2007年又完成了两型风电控制系统的开发。

2008 年，张进了解到重庆一家生产水表的民营企业因资金链断裂，难以维持下去了。通过周密的调研和论证，他决定收购这家企业。经过一年多的艰苦谈判，终于成功收购了该公司，实现了企业产品由燃气计量仪表向水计量仪表的拓展。随后，他率先在国内将互联网技术应用到水表上，推出智能水表并推向全国，这一产品成为该行业的名牌产品。在张进的带领下，前卫仪表厂走出了一条多元化发展道路，打造出集军品、燃气计量、水务计量、风电控制系统、海洋石油装备、高压电能计量、IT 配套的七大产业群，公司实力不断壮大，营业收入在 2004 年至 2016 年间增长了 12 倍，利润总额增长了 20 多倍。

在经营企业期间，张进不仅勇于改革，而且秉持"敢打硬仗、善打硬仗"的精神，是出了名的"铁汉"。2005 年，前卫仪表厂接到了某重点型号军品的紧急订货任务，要求 3 年完成 500 套产品，而当时前卫仪表厂的年生产能力仅仅为 50 套。面对这一重任，张进立下军令状，组织企业抓紧生产，最终提前半年完成任务。在他的心里，国家利益高于一切，确保完成军品订货任务是最大的使命与责任。2009 年，为完成国家国防动员委员会下达的演练任务，他连续 64 天吃住在车间，坚守一线，靠前指挥，为我国海军装备现代化建设做出了重要贡献。

在担任厂长期间，张进严于律己，主动向党委递交个人廉政承诺，并在公司推行"阳光分配"，由组织人事部门统一管理领导干部的收入。但对待职工，他温暖如火。他对母亲说，"最见不得员工下岗失业，我的背后是 2100 个家庭，我辛苦点儿，这些家庭就能过得舒服些"。

2015 年下半年，张进被查出癌症晚期，但他依然惦记着工作，每天往返于医院和公司。2016 年 6 月 26 日，张进因病去世，年仅 51 岁。

改革开放 40 多年来，类似的国有企业家还有很多。他们身上所展现出的企业家精神不仅有效推动了企业的发展，而且通过其所经营管理的国有企业对我国产业结构的调整与升级、经济的发展与社会的稳定等做出了巨大贡献。这样一批具有创新思维和国际眼光、具有敏锐市场洞察力和果敢战略决断力的国有企业家的存在，促进了中国国有企业迅速地从落后、跟跑，发展到并跑乃至超越，在世界经济的舞台上展现着中国企业的风采。

正是基于我国国有企业家及国有企业家精神的存在，在 2017 年 9 月的《中共中央 国务院关于营造企业家健康成长环境弘扬优秀企业家精神更好发挥企业家作用的意见》（以下简称《意见》）中，首次以专门文件提出了国有企业家概念，对国有企业家的存在及其重要地位和贡献加以肯定。《意见》指出，国有企业家要更好肩负起经营管理国有资产、实现保值增值的重要责任，做强做优做大国有企业，不断提高企业核心竞争力；要自觉做履行政治责任、经济责任、社会责任的模范。

三、弘扬企业家精神，把国有企业做强做优做大

习近平总书记在 2016 年 7 月 4 日全国国有企业改革座谈会上强调，国有企业是壮大国家综合实力、保障人民共同利益的重要力量，必须理直气壮做强做优做大，不断增强活力、影响力、抗风险能力，

实现国有资产保值增值。要坚持党要管党、从严治党，加强和改进党对国有企业的领导，充分发挥党组织的政治核心作用。各级党委和政府要牢记搞好国有企业、发展壮大国有经济的重大责任，加强对国有企业改革的组织领导，尽快在国有企业改革重要领域和关键环节取得新成效。[①]

加强国有企业的建设，离不开国有企业家对企业的经营和引领。因此，弘扬企业家精神，把国有企业做强做优做大，对于筑牢中国特色社会主义的重要物质基础和政治基础，确保我国现代化进程的性质和方向具有重要作用。

（一）国有企业家精神的特质

国有企业家作为国有企业的掌舵人，他们身上有企业家的共同特征，我们前面所提到的企业家精神的内涵同样在他们身上有着鲜明的体现。从我国国有企业的发展来看，在我国许多重大工程、重大创新项目上都体现着国有企业家的创新精神；在国有企业改革及机制转换中，他们敢闯敢试、敢为人先，创新体制机制和管理模式，走出了一条中国特色国有企业改革发展新路。[②]

国有企业家经营的企业关系着我国的国计民生，是中国特色社会主义的重要物质基础和政治基础，这决定了他们与一般企业家不同，是一个独特的群体。国有企业家除了引领企业的经济活动，必须强化

---

① 《习近平：理直气壮做强做优做大国有企业》，新华网，2016年7月4日，http://www.xinhuanet.com/politics/2016-07/04/c_1119162333.htm。
② 彭华岗：《新时代如何弘扬企业家精神》，《军工文化》2018年第4期。

政治责任，加强爱国情怀，敢于担当，牢记"经济领域为党工作"的职责使命。在 2016 年 10 月 10 日至 11 日召开的全国国有企业党的建设工作会议上，习近平总书记强调，国有企业领导人员必须做到对党忠诚、勇于创新、治企有方、兴企有为、清正廉洁。[①] 2018 年 5 月 11 日中央全面深化改革委员会第二次会议审议通过的《中央企业领导人员管理规定》中，将上述"20 字"要求写进总则第 1 条。由此可以看出，国有企业家必须讲党性。

为国家的经济发展和民族复兴而治企兴企，是国有企业家追求的最大目标和激励其砥砺前行的最大成就动机，这是其与一般意义上民营企业家的根本区别。只有坚守这种信念，才能真正为国企铸魂。正如《中央企业领导人员管理规定》所指出的，中央企业领导人员是党在经济领域的执政骨干，是治国理政复合型人才的重要来源，肩负着经营管理国有资产、实现保值增值的重要责任。在我国，国有企业除了具备企业基本属性，更是国民经济的重要支柱和我们党执政兴国的重要经济基础。国有企业的出资人是国家，所以国有企业家理所应当对党和国家负责。国有企业家必须敢于担当，勇于创新，要在全面建设社会主义现代化新征程和实现中华民族伟大复兴中国梦的宏伟蓝图中定位企业坐标，推动企业不断发展，以优异业绩实现党的要求、员工诉求和个人职业追求的有机统一。在这一过程中，国有经济的战略支撑作用将会更好地发挥，我国现代化经济体系的社会主义基础将更加牢固。

---

① 《习近平：坚持党对国有企业的领导不动摇》，人民网，2016 年 10 月 12 日，http://cpc.people.com.cn/big5/n1/2016/1012/c64094-28770427.html。

（二）企业家精神推动国有企业不断发展壮大

在党中央、国务院关于深化国有企业改革的决策部署下，在国有企业家的带领下，在国有企业家精神的引领下，中国国有企业获得了巨大发展。

如今，我国一些国有企业在某些方面已经接近或达到世界先进水平，有的企业已经处于世界领先位置，具备了发展成为具有国际竞争力的世界一流企业的基础和条件。2023 年共有 97 家国有企业位列《财富》世界 500 强，其中，国务院国资委监管中央企业 46 家，地方国有企业 39 家，财政部监管的金融等企业 11 家，另有福建的兴业银行。其中，位列《财富》世界 500 强前 5 位的中国国有企业有 2 家，分别是第 3 位的国家电网有限公司和第 5 位的中国石油天然气集团有限公司。国家电网等企业已经成为名副其实的"国家名片"。在推动经济社会发展、提升综合国力、促进科技创新、承担社会责任过程中，我国的国有企业都发挥了巨大作用。不仅如此，国有企业还从价格普惠、人才输送、技术溢出、资本救援等多方面惠及和支持了民营企业。比如，国机集团下属的科研院有 70% 的技术是提供给民营企业的。

从国有企业发展总体情况来看，截至 2020 年底，国资系统监管企业资产总额 218.3 万亿元，所有者权益 71.9 万亿元，"十三五"期间年均增速分别为 12.7% 和 12.5%。[①] 中央企业 2020 年累计实现营业收入 30.3 万亿元，近八成中央企业净利润同比正增长；运行质量重点

---

① 《国资委：截至 2020 年底国资系统监管企业资产总额 218.3 万亿元》，新浪网，2021 年 2 月 23 日，http://finance.sina.com.cn/roll/2021-02-23/doc-ikftpnny9256328.shtml?cref=cj。

指标持续改善，运行质量进一步提升。2020 年中央企业营业收入利润率 6.12%，同比提升 0.01 个百分点；成本费用利润率 6.5%，同比提升 0.2 个百分点；人均劳动生产总值 59.4 万元，同比实现正增长；人均创利 14.8 万元，同比增长 0.5%。不仅如此，中央企业还不断降低全社会运行成本，为国家总体经济运行平稳发展做出了巨大贡献。

（三）继续弘扬企业家精神，推动国有企业做强做优做大

我国国有企业普遍具有深厚的历史积淀，在人员、资金等方面都有较强的实力，国有企业的性质也决定了许多重大关键领域的创新都是由国有企业进行的。比如，在深海探测、载人航天探月工程、特高压输变电等项目上，国有企业都取得了一批具有世界先进水平的重大科技创新成果。然而，在看到国有企业取得的成绩的同时，我们也应看到，尽管我国很多行业和领域的国有企业已经形成了世界级规模的企业集团，但仍存在一些需要改进和加强的方面，如科技创新能力有待加强，尤其是关键核心技术"卡脖子"问题仍较为突出；企业的盈利能力、全球布局以及国际影响力等仍需进一步提升。

要解决这些问题，使国有企业真正做强做优做大，发挥国有企业在高质量发展中的引领和推动作用，就必须弘扬企业家精神，发挥国有企业家的创造性，使企业不断改革以激发活力动力，集中资源大力推进关键核心技术攻关，加大对原创技术的研发投入，布局一批基础应用技术，争取在前沿技术上取得更大突破，推动国有经济实现质量更高、效益更好、结构更优、更可持续的发展。为更好激励国有企业家的创新精神，必须为企业家创新营造良好的社会氛围。创新不可避

免地会出现失败，因此，要建立容错机制，以"有利于国有资本保值增值，有利于提高国有经济竞争力，有利于放大国有资本功能"为评判标准，只要企业家改革创新是为了上述目的，而不是为了满足个人私利，那么，对这一过程中出现的失误失败要予以包容。

党的十八大以来，为了推进国有企业的发展，国资委会同有关部门，制定印发了《关于推动中央企业结构调整与重组的指导意见》，推进强强联合，专业化整合。2020年启动实施的国企改革三年行动，吹响了新一轮改革"冲锋号"。截至2022年9月初，各中央企业和各地改革工作台账完成率均超过98%。在各项有利的政策下，必须弘扬企业家精神，抓住时代赋予的机遇，将国有企业做强做优做大，并通过国有企业的壮大带动民营企业的发展，实现国有资本、集体资本、非公有资本等取长补短、相互促进、共同发展。

第二节　拓展国内和国际两个市场，助力新发展格局的构建

构建以国内大循环为主体、国内国际双循环相互促进的新发展格局，是以习近平同志为核心的党中央根据国际国内形势的发展变化，做出的塑造我国国际经济合作和竞争新优势的战略抉择。其中，企业家不仅要适应发展格局的变化，对企业的发展战略做出调整，也要弘扬企业家精神，发挥企业作为微观经济主体的作用，推进新发展格局的构建。

一、深耕国内市场，满足人民日益增长的美好生活需要

以前，在经济全球化深入发展的外部环境下，我国企业尤其是沿海民营企业，借助全球化的东风，大力拓展国际市场，利用市场和资源"两头在外"的战略获得了较快发展，促进了地区经济的腾飞。然而，随着当前国内经济发展阶段的变化和国际环境的日趋复杂，我国内需潜力不断释放，客观上要求企业深耕国内市场，在优秀企业家精神的引领下，推出更符合市场和人民需要的产品和服务，满足人民日益增长的美好生活需要。

（一）国际国内环境的变化要求企业深耕国内市场

从我国国内的发展状况来看，经过几十年的高速发展，我国经济总量已稳居世界第二，2020年突破100万亿元大关，人均GDP达到10504美元，连续两年超过1万美元。从产业结构来看，我国已经形成完整的工业生产体系，农业生产能力和服务业发展水平快速提高。从市场环境来看，我国是全球最有潜力的大市场，具有全球最完整、规模最大的工业体系，拥有强大的生产能力和完善的配套能力，市场主体高达1亿多，有1.7亿多受过高等教育或拥有各类专业技能的人才，还有包括4亿多中等收入群体在内的14亿多人口所形成的超大规模内需市场。从发展态势来看，我国正处于新型工业化、信息化、城镇化、农业现代化快速发展阶段。因此，要想使经济稳步发展，必须牢牢把握扩大内需这个战略基点，充分发挥国内超大规模市场优势，加快构建完整的内需体系。

从国际环境来看，2008 年国际金融危机爆发以来，世界经济持续低迷，全球市场出现萎缩，国际贸易保护主义上升。根据全球贸易预警的统计数据，2017 年，全球共有 837 项新的保护主义干预措施，其中美国出台 143 项措施，占全球总数的 17.1%。2018 年 1—7 月底，美国出台的保护主义措施占全球比重达到 33%。[①] 而西方部分国家为了遏制中国，维护其垄断地位，更是不遗余力地对中国实施打压，针对中国产品和企业采取反倾销以及非关税壁垒等举措，频频挑起贸易争端，致使经贸摩擦加剧。2020 年，随着新冠疫情的蔓延，中国企业的国际订单频频被取消，许多以外销为主的企业面临经营困难。

国际国内形势的发展变化表明，市场和资源"两头在外"的国际大循环动能明显减弱，这种发展战略显然已无法适应当前的形势。正是在这种形势下，2020 年 5 月 14 日召开的中共中央政治局常委会会议提出了"深化供给侧结构性改革，充分发挥我国超大规模市场优势和内需潜力，构建国内国际双循环相互促进的新发展格局"。2020 年 5 月下旬两会期间，习近平总书记强调，逐步形成以国内大循环为主体、国内国际双循环相互促进的新发展格局。2020 年 8 月 24 日，习近平总书记在经济社会领域专家座谈会上指出，以畅通国民经济循环为主构建新发展格局。要推动形成以国内大循环为主体、国内国际双循环相互促进的新发展格局。这个新发展格局是根据我国发展阶段、环境、条件变化提出来的，是重塑我国国际合作和竞争新优势的战略抉择。[②]

---

① 《〈关于中美经贸摩擦的事实与中方立场〉白皮书》，中华人民共和国国务院新闻办公室，2018 年 9 月 24 日，http://www.scio.gov.cn/zfbps/32832/Document/1638292/1638292.htm。
② 习近平：《在经济社会领域专家座谈会上的讲话》，《人民日报》2020 年 8 月 24 日，第 2 版。

在这种新发展格局下，企业家必须立足中国，立足国内市场。

（二）弘扬企业家精神，以优质的产品与服务拓展国内市场

党的十九大报告指出，我国社会主要矛盾已经转化为人民日益增长的美好生活需要和不平衡不充分的发展之间的矛盾。在当前的发展阶段，无论是国际国内环境的变化，还是我国社会主要矛盾的转化，都要求企业家注重国内市场的拓展，而这就需要弘扬企业家精神，促进企业不断提供更优质的产品与服务，不断发展壮大，满足人民日益增长的美好生活需要。

为了更好地拓展国内市场，企业家必须诚信经营，带领企业提供高质量的产品和服务，全力支持国内经济的繁荣发展，履行企业的经济责任和社会责任。以诚待人，才能获得他人的尊重。对于企业而言，亦是如此，只有坚持诚信原则，提供符合市场需要的高质量产品和服务，才能在竞争中得到消费者的认可。我们在前文中已经提到过许多诚信守法、承担社会责任的事例，可以看到，正是在诚信守法的企业家精神的引领下，在以企业的发展回馈社会、推动国家经济社会进步的前提下，市场和消费者对企业的认可度逐步提高，企业不断发展壮大。

拓展国内市场更需要企业家不断开拓创新。面对人民日益增长的美好生活需要，企业家必须勇于突破，开发出更多更优质的产品。产品和服务的不断创新，是推动企业发展的最重要的前提，是企业在市场竞争中脱颖而出的最根本的要素。比如，2020 年受新冠疫情的影响，许多电子企业的海外订单被取消。此时，有些企业家却看到了

"宅经济"的火爆以及国内互联网业务增长的态势，及时调整经营策略，将原本用于出口的产品第一时间转入国内市场，使企业在不利的环境下依然获得发展。我们还可以看到，许多企业在疫情防控期间即时转产，生产抗疫物资，既满足了市场对抗疫物资的需求，为我国抗疫阻击战的胜利做出了重要贡献，也提升了企业的形象，使企业品牌被更多人认可肯定。

二、拓展国际市场，推动高水平的对外开放

在新发展格局中，畅通国内大循环绝不是要关闭开放的大门，国内和国际循环是相互统一、相互促进的，绝不能把二者割裂开来。对于企业家而言，在立足中国的同时，更应该放眼世界，不断拓展国际市场。

（一）对外开放政策为国际市场的拓展创造了有利条件

中国是世界第二大经济体、第一大工业国、第一大货物贸易国和第一大外汇储备国，中国的发展离不开世界，世界的发展也离不开中国，因此，我国一直坚决捍卫自由贸易和多边体制，推动经济全球化深入发展。在经济全球化的进程中，中国既是受益者，更是贡献者。为推动全球经济平衡发展，提出"一带一路"倡议、构建"人类命运共同体"等中国方案。对于中国的开放及其在全球化中的作用，英国《金融时报》首席经济评论员马丁·沃尔夫作出这样的评论："发达国家对全球化的推动力已不存在，未来全球化动力将主要源自发展中国家，特别是中国……"还有学者指出，"中国已接过了全球化的

接力棒"[①]。

在我国不断融入和推动全球化的进程中，在通过"一带一路"等促进周边国家互利互惠的合作的同时，中国企业参与国际合作也获得了更为有利的条件。以民营企业为例，早在 2019 年，中国民营企业 500 强中便有 191 家企业参与了"一带一路"建设，主要涉足的领域是基础设施、建筑施工、电气机械、钢铁、房地产、计算机、通信和其他电子设备行业。[②] 除了参与"一带一路"建设，民营企业还积极拓展其他国际市场。2023 年，民营企业合计进出口 22.36 万亿元，占进出口总值的 53.5%。

（二）进一步拓展国际市场，促进国内国际双循环

构建新发展格局必须实行高水平的对外开放。在国内国际双循环中，国内大循环绝不是自我封闭和自给自足的，而是要通过强化开放合作，更加紧密地同世界经济联系互动。而弘扬企业家精神，以此来引领和带动企业在诚信经营的基础上不断拓展国际市场，能够促进国内国际双循环，推动我国新发展格局的构建。

在看到我国企业在国际市场取得的成绩的同时，我们也注意到，部分企业在开拓及深耕海外市场方面仍存在问题，如对东道国政策、投资环境缺乏足够的了解等，使企业的国际化面临一定的风险，限制了企业国际市场的进一步开拓。要改变这种情况，企业家必须进一步

---

① 何成学：《论中国改革开放的六大国际影响力》，《广西师范学院学报（哲学社会科学版）》2019 年第 3 期。

② 《中国民营企业积极参与"一带一路"建设》，搜狐网，2020 年 9 月 10 日，https://www.sohu.com/a/417567028_123753。

拓宽国际视野，以全球思维部署企业的生产经营，对国际市场和国际环境的发展变化进行深入研判，了解国际规则和标准，提升利用国际国内两个市场、两种资源的能力，增强企业的国际竞争力。

为更好地拓展国际市场，企业家必须有前瞻性，发现新的商机，发展战略性新兴产业。时代的发展不仅提供了新的技术，也创造了许多新的产业，在这种情况下，企业必须加快推进新一代信息技术和制造业融合发展，顺应新一轮科技革命和产业变革趋势，以供给侧结构性改革为主线，以智能制造为主攻方向，加快发展智能制造、生命健康、新材料等战略性新兴产业，加快工业互联网创新发展，加快制造业生产方式和企业形态根本性变革，夯实融合发展的基础支撑，提升制造业数字化、网络化、智能化发展水平。只有如此，才能符合市场的需求，充分利用国际国内两个市场，实现更好的发展。

第三节　发挥生力军作用，推动高质量发展

党的十九届五中全会将"高质量发展"作为"十四五"时期经济社会各方面发展的主题，这对企业家提出了更高的要求。作为新时代的企业家，必须弘扬企业家精神，不断提升自己，成为推动高质量发展的生力军。

一、高质量发展是对我国经济社会发展的总要求

2017 年党的十九大首次提出高质量发展，指出我国经济已由高速增长阶段转向高质量发展阶段。2020 年党的十九届五中全会强调我国已转向高质量发展阶段，这表明高质量发展不只是一个经济要求，而是对经济社会发展方方面面的总要求。

高质量发展是适应我国经济发展新常态的必然选择，是全面建设社会主义现代化国家的必然要求。新中国成立后特别是改革开放 40 多年来，我国经济发展取得了巨大成就，以长期持续的高速增长令全球瞩目。2020 年，在受到新冠疫情的不利影响之下，中国成为全球唯一实现经济正增长的主要经济体，GDP 总量达到 1015986 亿元人民币，同比增长 2.3%。同样是在这一年，我国全面建成小康社会取得伟大历史性成就，决战脱贫攻坚取得决定性胜利。此时，我国经济已经到了转变发展方式、优化发展方向、提升发展动力，追求高质量发展的崭新阶段。这不仅是贯彻新发展理念的根本体现，也是建设现代化经济体系的必由之路。

高质量发展是解决我国社会主要矛盾的客观要求。进入新时代，我国社会主要矛盾已经发生变化，发展中的矛盾和问题主要集中体现在发展质量上。因此，只有大力提高发展质量，实现发展方式从规模速度型向质量效益型的转变，才能以更为平衡更加充分的发展来满足人民日益增长的美好生活需要。

高质量发展也是应对外部环境变化与冲击的最佳路径。当今世界正经历百年未有之大变局，外部环境日趋复杂。要想更好地应对外部

环境带来的各种冲击与挑战，必须提高发展质量，增强国家的综合实力和抵御风险的能力。只有把自己的事办好，把国家发展好，才能有效维护国家安全与稳定，实现经济社会的持续健康发展。

可以说，国内经济社会发展的现实和国际环境的变化都呼唤着高质量发展。这种高质量发展，是体现新发展理念的发展，是创新成为第一动力、协调成为内生特点、绿色成为普遍形态、开放成为必由之路、共享成为根本目的的发展。

高质量发展意味着要改变传统的增长方式。我们要重视量的发展，但更要解决质的问题，要在质的大幅提升中去实现量的有效增长，实现经济建设、政治建设、文化建设、社会建设、生态文明建设五位一体全面可持续的发展。[①]

二、弘扬企业家精神，做高质量发展的生力军

高质量发展对企业家提出了更高的要求，正如习近平总书记所指出的，企业家要努力成为新时代构建新发展格局、建设现代化经济体系、推动高质量发展的生力军。

（一）不断开拓创新，为高质量发展增添强劲动力

目前，我国已转向高质量发展阶段。在这一阶段，我国经济结构出现重大变化，居民消费加快升级，创新进入活跃期。如果企业家墨

---

① 庞金友：《把握高质量发展的深刻内涵》，人民论坛网，2020 年 1 月 28 日，http://www.china.com.cn/opinion2020/2021-01/28/content_77164988.shtml。

守成规，缺乏进取创新意识，就会被市场竞争的大潮所淘汰。从国家经济发展的层面来看，创新是推动国家经济向前发展的重要力量，是实现高质量发展的根本要求。只有通过创新，才能不断提升发展的质量，实现从规模速度型向质量效益型的转变，而企业家精神也是与之相符合的。

1. 勇于创新的企业家推动着我国经济向高质量发展

改革开放以来，尤其是党的十八大以来，我国企业家一直在坚持提高企业发展质量，注重技术创新和管理创新，在创新基础上使企业日益发展壮大，也推动着我国经济的不断发展。我们在前文中曾谈到过很多优秀的企业家，如华为的任正非、新希望的刘永好等，都是开拓创新的典范。像这样的企业家还有很多。

（1）王传福：以技术创新引领绿色出行

王传福是比亚迪股份有限公司董事长兼总裁，在经营中，他始终坚持技术创新，不断突破，被同行称为"技术狂人"。面对日益严重的空气污染和交通拥堵，王传福带领比亚迪致力于发展科技节能产品与新能源汽车，一直坚守"技术创新，值得信赖，引领绿色出行"理念。在企业经营初期，资金并不充裕，投资一条电池生产线却需要几千万元，没有钱怎么办呢？面对困难，王传福没有退缩，而是想出了自己的"土办法"：自己动手制造生产设备，把生产线分解成一个个可以由人工完成的工序。没有钱，不是有人吗？这种被人戏称为"小米加步枪"的"半自动化加人工"方式成为比亚迪的"制造秘诀"。从电池生产线到汽车模具，王传福把人力资源开发到极致，自己动手、丰衣足食。在这种模式下，生产成本大幅降低，技术的吸收和工艺改进融入生产的各个环节，准确率不仅不比全自动化低，还解决了批量加工出错后的大规模召回难题。

在王传福勇于创新精神的推动下，比亚迪形成了一整套新能源汽车研发配套生产体系。2008年，比亚迪推出全球首款量产的插电式双模电动车，拉开了新能源汽车变革序幕，走向从速度到质量的发展之路。此后，比亚迪将产业链延伸到轨道交通，推出了具有完全自主知识产权的新型跨座式单轨"云轨"和胶轮有轨电车"云巴"，填补了我国中小运量轨道交通技术和产业的空白。《财富》杂志2019年发布的"改变世界的企业"榜单中，比亚迪位列第三。2020年3月，比亚迪正式推出刀片电池，"超级安全"是其最大的特点，刀片电池还具有超级强度、超级续航、超级低温、超级寿命、超级功率的超级性能及"6S"的技术理念。在2020年1月19日举行的民营企业家迎春座谈会上，王传福表示："面对百年变革，企业只有掌握核心技术，才能在激烈的市场竞争中脱颖而出；只有战略先人一步，跨入高门槛行业，才能赢得发展优势。"[①]

（2）孙永才：践行制造强国，主持"复兴号"高速列车研制

2018年被授予"改革先锋"称号的中国中车集团有限公司党委书记、董事长孙永才，一直践行装备制造强国之路。2004年，他开始主持研制大功率机车和高速动车组列车，带领团队通过自主创新，掌握了动车组九大关键技术和十项配套技术，成功搭建时速200—250公里、时速300公里、时速350公里3个速度等级系列25个品种的动车

---

① 《王传福谈高质量发展：坚持技术创新，深耕制造业》，中国经济网（百度百家号客户端），2020年1月21日，https://baijiahao.baidu.com/s?id=16562974441395150003&wfr=spider&for=pc。

组产品设计和制造平台，迈出从追赶到领跑的关键一步。2017 年 9 月 21 日，全长 1318 公里的京沪高铁，正式以 350 公里时速开行"复兴号"动车组，全程运行时间仅 4.5 小时左右。1318 公里、时速 350 公里和 4.5 小时，这几个数字充分表明，我国已成为世界高铁商业运营速度最快的国家，复兴号也被打造成新时代的"国家名片"。

为了推动中车集团的发展，孙永才从多方面入手。①打造以企业为主体，"政、产、学、研、用"深度融合，协同化、开放化、一体化、全球化的技术创新体系。强大的创新能力推动了产品的研发与企业经营业绩的提升。②推动中车高质量发展，深度参与南北车重组，开了国内两家"A+H"上市公司重组的先河，为央企重组和改革发展探索出全新的模式。③勇于改革创新，积极推进供给侧结构性改革，深入落实"三去一降一补"五大任务，构建了一体化、协同化、高效化的资源配置机制和管理体系，企业的创新能力、市场竞争力、品牌影响力显著提升。中国中车连年保持中央企业负责人经营业绩考核 A 级企业，并稳居《财富》世界 500 强榜单。④开拓国际市场，做"走出去"的先锋。带领中车集团抓住"一带一路"机遇，坚持实施由产品输出向"产品、技术、服务、资本、管理"五要素综合输出的国际化战略，独创性地实行"本土化制造""本土化采购""本土化用工""本土化维保""本土化管理"的"五本模式"。如今，中国中车形成了遍布全球的轨道交通产业服务体系，向世界展示了中国铁路、中国制造、中国装备的良好形象。

除了这些大型的龙头企业，许多中小型民营企业的企业家也勇于创新，在本行业领域努力开拓，推出了许多创新产品或技术。在这些勇于创新的企业家的推动下，我国企业研发费用不断提升，自主创新能力日益增强，新成果和新应用井喷式涌现。一批企业掌握了关键领域的核心技术，赢得了发展空间，提升了企业质量效益，为促进经济高质量发展做出了巨大贡献。

2. 抓住有利时机，加快创新步伐

尽管我国企业家的创新意识和精神日益加强，但总体来看，我国企业在创新能力方面与国际先进企业还有一定差距。尤其是对于许多中小型民营企业来说，创新能力不强已经成为企业发展的"阿喀琉斯之踵"。创新投入和创新动力不足，导致产品与服务的附加值较低，甚至依靠低价格、低利润来提升企业的竞争力。2019 年 12 月，《中共中央 国务院关于营造更好发展环境支持民营企业改革发展的意见》提出，鼓励民营企业独立或与有关方面联合承担国家各类科研项目，通过实施技术改造转化创新成果。《中华人民共和国国民经济和社会发展第十四个五年规划和 2035 年远景目标纲要》提出，发挥大企业引领支撑作用，支持创新型中小微企业成长为创新重要发源地，推动产业链上中下游、大中小企业融通创新。2021 年的《政府工作报告》强调运用市场化机制激励企业创新，对企业创新提供了诸多优惠，指出延续执行企业研发费用加计扣除 75% 政策，将制造业企业加计扣除比例提高到 100%，用税收优惠机制激励企业加大研发投入，着力推动企业以创新引领发展。可见，国家为企业开展创新创造了越来越有利的条件，在这种情况下，企业家必须发挥创新进取的精神，发挥"创新者"和"实干家"的作用，只有在优秀企业家精神的推动和引领下，才能勇于克服创新面对的各种困难，从而以不断的创新推动我国的高质量发展。

（二）以企业家精神推动绿色、协调、开放、共享的发展

创新是高质量发展的需要，但并不是唯一的指标。在实现创新发展的同时，还要实现绿色发展、协调发展、开放发展、共享发展，只有经济社会的全面发展，才是高质量、可持续的发展。为推动经济社会的全面发展，广大企业家不仅要勇于创新，还要有对祖国和人民的热爱、诚实守信的理念、开阔的国际视野、强烈的社会责任感，只有在这种企业家精神的带领下，企业才能实现高质量的发展。

作为新时代的企业家，要争当高质量发展的生力军，从多方面对企业生产和经营进行提升：不断改良生产工艺流程，减少对资源的消耗和排放；积极践行产业报国的使命，促进地区和行业的协调发展；以创新精神、工匠精神塑造优秀的中国品牌，向世界展现中国制造的实力；积极回馈社会，以企业的发展带动社会的进步。

在企业家精神推动下，越来越多的企业家以推动高质量发展为己任，促进我国经济社会的全面发展。比如，许多企业都将绿色发展理念纳入企业经营的衡量指标和企业社会责任体系中，认为推进企业绿色发展，是实现转型升级、提质增效、参与国内国际双循环竞争的关键。越来越多的企业开始关注企业绿色发展信息公开制度的建设，主动承担责任，创新绿色低碳技术，打造智能化、清洁化的绿色工厂。共享出行、循环利用等绿色产品服务已经成为新的风尚。2018 年，中国企业评价协会联合万里智库发布了国内首个绿金企业报告以及 2018 年中国绿金企业 100 优名单。报告显示，国内企业履行环保责任的意

识已远超外资企业，国有企业和民营企业积极承担环保责任，践行绿色发展。在 100 优入围企业中，国有企业最多。①

又如，企业家回报社会的责任感日益提升。在我国，坚持共享发展，着力增进人民福祉，是新发展理念的重要目标，发展为了人民、发展依靠人民、发展成果由人民共享。对于国有企业家而言，他们有极强的社会责任意识，并不仅仅以企业自身的获利能力来衡量企业经营的成败。长期以来，我国国有企业在国家税收中所占比重远超其在国内生产总值中的比重，其巨额的税收贡献是我国财政收入的重要来源，大大提高了国家进行二次分配的能力，特别是对于中西部地区和农村地区的各种转移支付，直接缩小了地区和城乡收入差距。

与此同时，民营企业家也不甘落后，在回馈社会、推进共享发展方面同样做出了巨大贡献。根据全国工商联发布的《中国民营企业社会责任报告（2023）》，2022 年中国慈善榜上榜企业中，民营企业近 900 家，占上榜企业总数的 65.44%，合计捐赠超 101 亿元，占上榜企业捐赠总额的 50.55%。2022 年民营企业社会责任发展指数创新高，为 542.19 点。呈现指数稳健增长，社会责任均衡发展；民生指标突出，社会责任治理回升；行业特征明显，履责实践各有侧重；伴随企业成长，社会责任意识提高等特点。2022 年，广大民营企业积极投身乡村振兴，踊跃参与"万企兴万村"行动。调研企业中，有 4783 家企业参与了"万企兴万村"行动。其中，32.5% 的企业设有负责乡村振兴的专职部门，51% 的企业提供了就业帮扶，39% 的企业助力发展特色农业，31% 的企业帮助培养乡村人才。

① 《国有企业履行环保责任绿色发展的带头作用明显》，《经济参考报》2018 年 6 月 6 日。

在全面建设社会主义现代化国家的新征程上，无论是国有企业家还是民营企业家，都要抓住新发展阶段带来的机遇，大力弘扬企业家精神，顽强拼搏、勇于担当，力争在我国社会主义现代化建设中发挥更大作用。

参考文献

著作类

[1]《十二大以来重要文献选编》，人民出版社 1986 年版。

[2]《邓小平文选》第 3 卷，人民出版社 1993 年版。

[3]《邓小平文选》第 2 卷，人民出版社 1983 年版。

[4]《毛泽东文集》第 7 卷，人民出版社 1999 年版。

[5]《毛泽东文集》第 8 卷，人民出版社 1999 年版。

[6] 习近平：《之江新语》，浙江出版联合集团、浙江人民出版社 2007 年版。

[7]《习近平谈治国理政》第二卷，外文出版社 2017 年版。

[8]《习近平关于社会主义经济建设论述摘编》，中央文献出版社 2017 年版。

[9] 李克强：《政府工作报告——2021 年 3 月 5 日在第十三届全国人民代表大会第四次会议上》，人民出版社 2021 年版。

[10] 高波：《文化资本、企业家精神与经济增长：浙商与粤商成长经验的研究》，人民出版社 2011 年版。

〔11〕 董昀:《体制转轨视角下的企业家精神及其对经济增长的影响——基于中国典型事实的经济分析》,经济管理出版社 2012 年版。

〔12〕 林左鸣:《用企业家精神点燃时代引擎》,航空工业出版社 2013 年版。

〔13〕 欧雪银:《企业家精神促进中国制造业全球竞争优势创造研究》,中国财经出版传媒集团、经济科学出版社 2017 年版。

〔14〕 黄文峰:《企业家精神》,中国人民大学出版社 2018 年版。

〔15〕 张桂平、张杰、林锋:《中国企业家精神录》,光明日报出版社 2018 年版。

〔16〕 林毅夫、周其仁、张维迎、姚洋、黄益平等:《改革的方向（2）:中国需要什么样的企业和社会》,中信出版集团 2018 年版。

〔17〕 新时代企业家精神编辑部编:《新时代企业家精神：民营企业家如是谈》,中华工商联合出版社 2018 年版。

〔18〕 于吉:《企业家》,企业管理出版社 2019 年版。

〔19〕 张维迎、王勇:《企业家精神与中国经济》,中信出版集团 2019 年版。

〔20〕 曾铖:《企业家精神与高质量发展：政府和市场的逻辑》,企业管理出版社 2020 年版。

〔21〕 李兰主编:《成就与梦想：中国企业家成长 40 年》,清华大学出版社 2019 年版。

〔22〕 王梓木、姜岚昕:《社会企业家精神——建立新生态的灵魂高地》,中华工商联合出版社 2020 年版。

〔23〕 [英]马歇尔:《经济学原理》(下卷),朱志泰译,商务印书

馆 1964 年版。

［24］［英］亚当·斯密:《国民财富的性质和原因的研究》,郭大力、王亚南译,商务印书馆 1974 年版。

［25］［美］威廉·鲍莫尔:《企业家精神》,孙智君译,武汉大学出版社 2010 年版。

［26］［美］约瑟夫·熊彼特:《经济发展理论》,郭武军译,中国华侨出版社 2020 年版。

［27］［美］彼得·德鲁克:《创新与企业家精神》,蔡文燕译,机械工业出版社 2020 年版。

［28］［葡］泰萨莱诺、［葡］久奥雷涛、［俄］阿斯卡尔·萨里古洛夫编:《工业 4.0:新数字格局下企业家精神与结构变革》,周代数、靳志伟译,中国金融出版社 2020 年版。

期刊类

［1］ 李转良:《创新 敬业 合作:企业家的三种精神——访北京大学汪丁丁教授》,《中国企业家》1999 年第 2 期。

［2］ 张维迎:《从制度环境看中国企业成长的极限》,《企业管理》2004 年第 12 期。

［3］ 佟言实、肖照青:《"中国特色社会主义的建设者"的由来》,《中国统一战线》2010 年第 7 期。

［4］ 程恩富、鄢杰:《评析"国有经济低效论"和"国有企业垄断论"》,《学术研究》2012 年第 10 期。

〔5〕 何轩、马骏、朱丽娜、李新春:《腐败对企业家活动配置的扭曲》,《中国工业经济》2016年第12期。

〔6〕 韩小溪:《浅谈日本企业管理"三大神器"之年功序列制》,《财讯》2017年第7期。

〔7〕 王海兵、杨慧馨:《中国民营经济改革与发展40年：回顾与展望》,《经济与管理研究》2018年第4期。

〔8〕 彭华岗:《新时代如何弘扬企业家精神》,《军工文化》2018年第4期。

〔9〕 周建波:《弘扬企业家创新精神》,《国企管理》2018年第5期。

〔10〕 蓝蔚青:《构建新型政商关系需要正确认识企业家》,《观察与思考》2018年第6期。

〔11〕 林毅夫:《改革开放40年：我国经济和民营经济的发展》,《经济导刊》2018年第6期。

〔12〕 刘志阳:《改革开放四十年企业家精神的演进》,《人民论坛》2018年12月中。

〔13〕 华民:《弘扬企业家精神缘何如此重要》,《人民论坛》2019年1月下。

〔14〕 王小兰:《民营经济发展与企业家精神》,《中央社会主义学院学报》2019年第1期。

〔15〕 方光华、张卫平、张欣:《改革开放40年我国中小企业与非公经济发展面临的现状经验问题及建议》,《经济界》2019年第1期。

［16］ 石涛：《中国国有企业改革70年的历史回眸和启示》，《湖湘论坛》2019年第5期。

［17］ 中国企业家调查系统：《当代企业家精神：特征、影响因素与对策建议——2019中国企业家成长与发展专题调查报告》，《中国经济报告》2019年第6期。

［18］ 王梦莹、孙厚权：《"亲""清"新型政商关系的建设路径研究》，《湖北工业大学学报》2019年第6期。

［19］ 冯小茫：《企业家精神对改革开放以来民营经济发展的影响研究》，《现代商业》2019年第19期。

［20］ 陈婉：《民营企业与"绿"结缘》，《环境》2019年第23期。

［21］《中央出台支持民营企业"28条"的意义》，《中国中小企业》2020年第1期。

［22］ 刘凤义：《论社会主义市场经济中政府和市场的关系》，《马克思主义研究》2020年第2期。

［23］ 陈东、刘志彪：《新中国70年民营经济发展：演变历程、启示及展望》，《统计学报》2020年第2期。

［24］ 王淼：《企业家要做"诚信守法"表率》，《中国信用》2020年第8期。

［25］ 李雪娇：《克难奋进 彰显企业家精神》，《经济》2020年第9期。

［26］ 朱永磊、刘湘平、刘丗靖：《新公益，新思维》，《董事会》2020年第9期。

［27］ 徐耀强：《企业家必须承担社会责任的内在逻辑》，《可持续

发展经济导刊》2020 年第 10 期。

［28］ 朱安东、孙洁民、王天翼:《我国国有企业在现代化经济体系建设中的作用》,《经济纵横》2020 年第 12 期。

［29］《中共中央办公厅印发〈关于加强新时代民营经济统战工作的意见〉》,《中国政协》2020 年第 18 期。

［30］ 徐乐江:《在 2020 中国民营企业 500 强峰会上的演讲》,《中国产经》2020 年第 20 期。

［31］ 关成华:《中国创新能力的现状研判与前景展望》,《人民论坛》2020 年第 36 期。

报纸类

［1］《中国共产党第十一届中央委员会第三次全体会议公报》,《人民日报》1978 年 12 月 24 日。

［2］ 江泽民:《在庆祝中国共产党成立八十周年大会上的讲话》,《人民日报》2001 年 7 月 2 日。

［3］ 江泽民:《全面建设小康社会,开创中国特色社会主义事业新局面——在中国共产党第十六次全国代表大会上的报告》,《人民日报》2002 年 1 月 18 日。

［4］ 胡锦涛:《坚定不移沿着中国特色社会主义道路前进　为全面建成小康社会而奋斗——在中国共产党第十八次全国代表大会上的报告》,《人民日报》2012 年 11 月 18 日。

［5］《中共中央关于全面深化改革若干重大问题的决定》,《人民

日报》2013 年 11 月 16 日。

[6] 习近平:《关于〈中共中央关于全面深化改革若干重大问题的决定〉的说明》,《人民日报》2013 年 11 月 16 日。

[7] 习近平:《谋求持久发展 共筑亚太梦想》,《人民日报》2014 年 11 月 10 日。

[8] 习近平:《毫不动摇坚持我国基本经济制度 推动各种所有制经济健康发展》,《人民日报》2016 年 3 月 9 日。

[9] 习近平:《在民营企业座谈会上的讲话》,《人民日报》2018 年 11 月 2 日。

[10]《中共中央关于坚持和完善中国特色社会主义制度 推进国家治理体系和治理能力现代化若干重大问题的决定》,《人民日报》2019 年 11 月 6 日。

[11]《中共中央 国务院关于新时代加快完善社会主义市场经济体制的意见》,《人民日报》2020 年 5 月 19 日。

[12] 习近平:《在企业家座谈会上的讲话》,《人民日报》2020 年 7 月 22 日。

[13] 习近平:《在经济社会领域专家座谈会上的讲话》,《人民日报》2020 年 8 月 24 日。

[14]《中共中央关于制定国民经济和社会发展第十四个五年规划和二○三五年远景目标的建议》,《人民日报》2020 年 11 月 4 日。

[15] 国家统计局:《改革开放铸辉煌 经济发展谱新篇——1978 年以来我国经济社会发展的巨大变化》,《人民日报》2013 年 11 月 6 日。

［16］ 叶竹盛:《法治是企业家精神的催化剂》,《人民日报》2017
年9月27日。

［17］《为企业家营造公平正义的法治环境》,《人民日报》2018
年6月1日。

［18］ 人民日报评论员:《"晋江经验"孕育发展奇迹》,《人民日
报》2018年7月9日。

［19］ 袁亚平:《私企老板当上了省劳模》,《人民日报》2000年1
月24日。

［20］ 李洪兴:《把亲和清统一起来》,《人民日报》2020年6月
17日。

［21］ 谢环驰:《贯彻新发展理念构建新发展格局 推动经济社会高
质量发展可持续发展》,《人民日报》2020年11月15日。

［22］ 何聪:《实业报国 实干兴邦》,《人民日报》2020年12月
2日。

［23］ 盘和林:《"企业家精神"是振兴实体经济的核心"新要
素"》,《南方都市报》2017年7月15日。

［24］ 王培佳:《贵州: 保护民营企业产权和自主经营权》,《中国
产经新闻》2018年3月21日。

［25］ 金辉:《国有企业履行环保责任绿色发展的带头作用明显》,
《经济参考报》2018年6月6日。

［26］ 赵晓奔:《发挥企业家精神的"催化剂"作用》,《经济日
报》2018年11月15日。

［27］　张玫:《坚守实业路 积极"走出去"——记正泰集团董事长南存辉》,《经济日报》2018 年 11 月 19 日。

［28］　陆健:《"三清单一承诺"构建"亲清"政商关系》,《光明日报》2019 年 3 月 24 日。

［29］　王璐:《从计划到市场 中国企业竞相释放活力》,《经济参考报》2019 年 9 月 12 日。

［30］　林泽炎:《社会责任是企业发展的理论自觉和行动必然》,《人民政协报》2019 年 10 月 18 日。

［31］　王绛:《进一步厘清政府、市场与企业关系 促进国有企业健康发展》,《经济观察报》2020 年 6 月 8 日。

［32］　黄锟:《企业家精神的时代内涵和本质要求》,《河南日报》2020 年 7 月 29 日。

［33］　《新时代需要怎样的企业家精神》,《重庆日报》2020 年 7 月 31 日。

［34］　姜虹羽:《社会责任是企业家胸前闪亮的勋章》,《中华工商时报》2020 年 8 月 4 日。

［35］　江坪:《大力弘扬企业家精神》,《浙江日报》2020 年 8 月 13 日。

［36］　李锦:《以创新精神迎接更高水平、更深层次开放》,《光明日报》2020 年 10 月 22 日。

［37］　杨东德:《大力弘扬和培育企业家创新精神》,《经济日报》2020 年 11 月 3 日。

其他

［1］《中共中央关于经济体制改革的决定》,《中华人民共和国国务院公报》1984年第26期。

［2］《中共中央关于建立社会主义市场经济体制若干问题的决定》,《中华人民共和国国务院公报》1993年第28期。

［3］《中共中央 国务院关于完善产权保护制度依法保护产权的意见》,《中华人民共和国国务院公报》2016年第34期。

［4］《中共中央 国务院关于营造企业家健康成长环境弘扬优秀企业家精神更好发挥企业家作用的意见》,《中华人民共和国国务院公报》2017年第28期。

［5］《最高人民检察院关于充分发挥职能作用营造保护企业家合法权益的法治环境支持企业家创新创业的通知》,《中华人民共和国最高人民检察院公报》2018年第2期。

［6］ 杨庆虹:《新时代我国民营企业家权益保障问题研究》,吉林大学2020年硕士学位论文。